牧《まき》野《の》富《とみ》太《た》郎《ろう》

植物研究ひとすじに

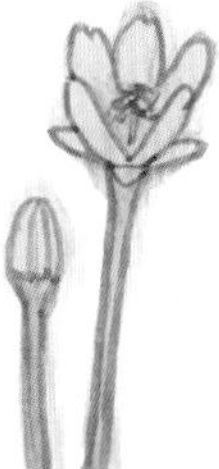
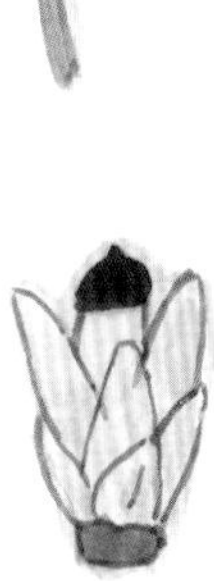

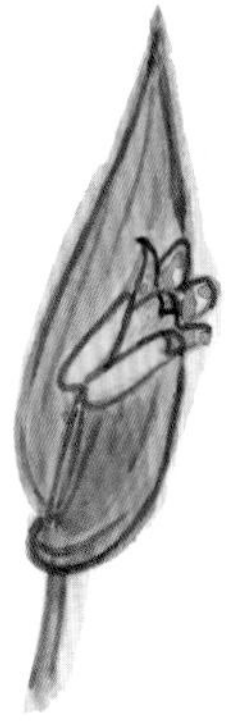

伝記を読もう

松原秀行・文

もくじ

はじめに

野山に花が咲《さ》いています。きれいな花です。名前はなんと言うのだろう。とても気になるその花のことを知りたくなったとき、みなさんはどうしますか。今の時代なら、写真を撮《と》って画像検索《がぞうけんさく》もできるでしょう。しかしインターネットのなかった時代には、植物図鑑《ずかん》がたよりでした。

今回、この本でしょうかいする牧野富太郎《まきのとみたろう》は、「日本の植物学の父」と言われ、数多くの新種《しんしゅ》を発見したり、植物を名前で分類《ぶんるい》したりした学者です。かれは仕事のひとつとして植物図鑑《ずかん》をつくりました。それは大《だい》評判《ひょうばん》となり、たくさんの人に読まれ、『牧野日本植物図鑑《まきのにほんしょくぶつずかん》』として現在《げんざい》でも出版《しゅっぱん》されています。植物の図鑑《ずかん》はたくさんつくられてきたのに、書名につくった人の名前が付《つ》いているものは、ほかにはありません。

かれと同じ時代に、すばらしい実績《じっせき》をのこした日本の植物学者はほかにもたくさんいました。しかし、大人から子どもまで研究者ではない一般《いっぱん》の人たちにもわかるような結果《けっか》を出し、世界で認《みと》められ、そして愛《あい》されたのは牧野富太郎以外《まきのとみたろういがい》にはいませんでした。

サッカーで言うなら、たくさんのゴールを決め、すごくテクニックがあって、海外でも知られ、多くのファンに愛《あい》される選手みたいなもの。そうです。牧野富太郎《まきのとみたろう》は明治《めいじ》から昭和《しょうわ》の時代にかけて、日本の植物学会のスーパースターだったのです。

しかし最初《さいしょ》からスーパースターだったわけではありません。かれがどうしてスーパースターになったのか。さあ、その道のりをたどってみましょう。

一 なぜかとっても植物が好《す》き

キラキラ、キラキラ。少年の手の中で、緑の葉がかがやいています。

「よく見ると葉っぱの先は細かくギザギザしているぞ。こっちの葉っぱの茎《くき》は小さな毛がいっぱい生えている。なんだかとってもにぎやかだ。」

少年は地面にかがみこんで、そばにある草や花をじっくり、ていねいにながめます。

規則的《きそくてき》に並《なら》んだ花びらの筋《すじ》。勢《いきお》いよくのびる葉脈《ようみゃく》。ザワザワと楽しそうに生えている茎《くき》の細かな毛。それらの細かなひとつひとつのありさまから、タンタンタンと楽しいリズムを感じます。ラララと美しいハーモニーが聞こえます。どこにでも生えている、ありふれた草木でも、生き生きとした美しさがあり、少年は夢中《むちゅう》になってしまうのです。

「おーいハタットウ。西洋ハタットウ！」

遠くから少年をよぶ声がします。高知《こうち》のことばで昆虫《こんちゅう》のバッタのことを「ハタット」というのですが、手足が長くスラリとした少年は友だちから「西洋ハタットウ」というあだ名でよばれていました。

この少年こそが、牧野富太郎《まきのとみたろう》。日本の植物学者として名をなす人です。

かれは、一八六二（文久二《ぶんきゅう》）年、四国《しこく》の土佐《とさ》・佐川《さかわ》（現《げん》・高知県高岡郡佐川町《こうちけんたかおかぐんさかわちょう》）に生まれました。幼《おさな》いころは成太郎《せいたろう》という名前でした。

時は幕末《ばくまつ》。武士《ぶし》が国を治《おさ》める江戸《えど》時代から、明治《めいじ》時代という新しい政治《せいじ》システムへと移《うつ》り変《か》わるころでした。富太郎《とみたろう》の生まれた佐川《さかわ》は、ぐるりと山に囲《かこ》まれた盆地《ぼんち》で、自然豊《しぜんゆた》かなところです。山やまからわき出た水はとてもおいしく、ここでは古くからこの水を使って酒造《づく》りが行われてきました。

富太郎《とみたろう》の生まれた家も「岸屋《きしや》」という屋号で、酒造《づく》りと雑貨屋《ざっかや》をいとなんでいました。佐川《さかわ》は武家《ぶけ》も多かったのですが、代々《だいだい》商売をいとなむ牧野家《まきのけ》は地元では上流階級とされ、とても裕福《ゆうふく》でした。ところが――。

富太郎《とみたろう》が三歳《さい》のとき、父の佐平《さへい》が三十九歳《さい》という若《わか》さで病死してしまいます。それから二年後、富太郎《とみたろう》が五歳《さい》のときに母の久壽《くす》も病死。さらにそのよく年、商売を切り盛《も》りしていた祖父《そふ》の小左衛門《こざえもん》も病死してしまいました。

こんな不吉《ふきつ》なことはありません。残《のこ》されたひとりっ子の孫《まご》を案《あん》じたのでしょうか。六歳《さい》のとき、成太郎《せいたろう》の名前は「富太郎《とみたろう》」と変《か》わりました。そして、岸屋《きしや》の大切な跡取《あとと》り息子《むすこ》として、祖母《そぼ》・浪子《なみこ》によって大切に育てられるのでした。

小さいころの富太郎《とみたろう》は体がとても弱くて、ろっ骨《こつ》が見えるようなやせっぽち。そこで、祖母《そぼ》や店の番頭たちはなにかにつけて、富太郎《とみたろう》を気づかいました。健康《けんこう》のために熱《あつ》いお灸《きゅう》をすえられたり、体にいいと言われたクサギムシやアカガエルなどを食べさせられたり。そのおかげでしょうか、富太郎《とみたろう》は大きな病気はせずに成長《せいちょう》していきます。

父や母のことを、富太郎《とみたろう》はほとんど覚《おぼ》えていません。家に写真などない時代です。両親の顔がどんなふうだったかもわからず、兄弟姉妹《きょうだいしまい》もいませんでした。それでも、ひとりぼっちでさびしいという気持ちはありませんでした。というのも富太郎《とみたろう》は、たくさんの好奇心《こうきしん》にあふれていたからです。

なぜ?

どうして?

不思議《ふしぎ》だ!

おもしろい!

そんな気持ちが、少年・牧野富太郎《まきのとみたろう》には満《み》ち満《み》ちていたのです。

ある日、当時はとてもめずらしく高価《こうか》だった時計を、祖母《そぼ》にねだって、遠くから取り寄《よ》せてもらいました。

時を告《つ》げる時計を見て、わあ、と感動したのもつかの間――。

「どうして動くのだろう？　中はどうなっているのだろう？」

富太郎《とみたろう》の好奇《こうき》心がムズムズ、ムズムズ。いてもたってもおられず、大《だい》事《じ》な時計を分解《ぶんかい》してしまいました。

「そうか、これが、ここにつながって、これで動くのか。」

ぜんまいがあって、その力で歯車を動かして……部品のひとつひとつをよくながめます。そして、ていねいに取り出したかと思うと、もういちど組み立て直します。そんな富太郎《とみたろう》を見ても、浪子《なみこ》おばあさんは決してしかることはありません。

おかげで、体だけでなく頭も心もスクスク育っていったのでした。

はじめて海を見たときもそうでした。波頭《なみがしら》がくるりと巻《ま》き上がったかと思うと、しぶきを上げてザザザッとくずれてゆく……。そのくりかえすさまを見て、富太郎《とみたろう》は思いました。

「まるで生きているみたいだぞ。いや、これはすごい力だ。自然《しぜん》の力はすごいなぁ。世の中には知らないことがいっぱいあるんだなぁ」と。

そんな富太郎《とみたろう》の心がいちばんひきつけられたのは、身近な草木でした。

家の裏山《うらやま》は富太郎《とみたろう》たち子どもの遊び場です。緑いっぱいの森。かまを持って木の枝《えだ》をかったり、小鳥を獲《と》るワナを仕かけたり、キノコを採《と》ったり。一年中遊べる楽しい場所です。

富太郎《とみたろう》は裏山《うらやま》に出かけては、植物をながめて楽しみました。

昨日《きのう》はああだった。それが今日はこうだった。さて、明日はどうなっているんだろう……。同じ場所にありながら、毎日変化《へんか》のある草木たち。

顔を近づけて葉や花の細かなところをじっくりながめると、ウネウネしていたり、ブツブツと細かな模様《もよう》が並《なら》んでいたり。分解《ぶんかい》した時計よりももっともっと複雑《ふくざつ》な世界が見えてきます。海で見た波にも負けない力がひそんでいそうです。

裏山《うらやま》の大きいシイの木の下で富太郎《とみたろう》が落ち葉のかたまりをひっくり返したとき――。

「ギャ〜ッ！」

思わずさけび声をあげていました。モゾモゾ、モゾモゾ動くもの……たくさんのウジ虫たちがいたからです。植物が大好《だいす》きな富太郎《とみたろう》ですが、毛虫やイモ虫のようなものは大きらい。大急ぎでその場をにげ出しましたが、しばらくすると頭のなかに、うごめく虫たちの姿《すがた》がよみがえってきました。あれは、なんという虫だったんだろう、と。

友だちにその話をすると、かれはこう言いました。

「それは地獄虫《じごくむし》だな。」

本当の名前かどうか、さだかではありません。正しい名前を知りたいけど、考えるたびに気持ち悪さがおそってきます。ふだんから草木を観《かん》察《さつ》しているので細かな部分も記憶《きおく》してしまう富太郎《とみたろう》は、一匹《ぴき》一匹《ぴき》の様子もしっかり記憶《きおく》してしまい、思い出すたびにゾッとするのでした。富太郎《とみたろう》は毛虫、イモ虫のたぐい以外《いがい》は、へんな姿《すがた》をしたものでもこわいとは思いませんでした。

初夏《しょか》の暗い森のなかで、ガサガサと落ち葉をふみしめて歩いていたときです。森のなかに、白くて丸くて、サッカーボールぐらいの大きさのものがありました。表面がちょっとぬれたようなかがやきがあって不気《ぶき》味《み》ですが、富太郎《とみたろう》は近寄《ちかよ》って、じっと観察《かんさつ》をします。白くて丸いものの表面を手でそっとなでてみました。

「やっぱりそうだ。このはだざわりはキノコの化け物にちがいない。」

はじめて出会った感動に、富太郎《とみたろう》は家に帰ってさっそく報告《ほうこく》しました。

「そんなキノコなんて、あるもんですかね。」

浪子《なみこ》おばあさんはそっけなく言います。ところが、そばで話を聞いていた使用人の女性《じょせい》がこう言いました。

「山のなかにあった、白くて丸いものでしょう。ぼっちゃん、それは狐《きつね》の屁玉《へだま》ですよ。うちの方では天狗《てんぐ》の屁玉《へだま》とも言っとります。」

思いがけない言葉に、富太郎《とみたろう》はびっくりします。と同時に、キツネのおなら玉かと思うと、おかしくてふき出しそうになりました。

あとでわかったことですが、それはオニフスベというキノコの一種《いっしゅ》で、日本の各地《かくち》でヤブタマゴとかキツネノヘダマなどと言われるものだったのです。

すぐ答えたこの女性《じょせい》にとてもおどろきましたが、それだけではありませんでした。あるとき富太郎《とみたろう》は、町はずれの小川から小判《こばん》の形をしたうき草をとってきて、庭の鉢《はち》に入れておきました。それを見た使用人の女《じょ》性《せい》は言うのでした。

「ぼっちゃん、これはヒルムシロですね。」

またもや、すぐに名前を言いあてるかの女を見て、富太郎《とみたろう》は「この人は身近にある草木のことを、よく見てるんだな」と感心するばかりです。

そして、こうも思うのでした。

草木はどこにでもあるもので、それとふれ合うには身分がどうのとか、学があるとかないとかは関係《かんけい》ない。えらい人とか、金持ちとかもまったく関係《かんけい》ない。植物はだれもがふれられるすばらしい存在《そんざい》なのだな、と——。

二

勉強は大好《だいす》きだったけど

富太郎《とみたろう》は勉強が大好《だいす》きでした。十歳《さい》のとき、富太郎《とみたろう》は近くの寺子屋で読み書きを習い始めます。イロハから始めたのですが、頭のよい富太郎《とみたろう》はあっという間に覚《おぼ》えてしまいます。

富太郎《とみたろう》は楽しくてしかたがありません。新しいことを知るのは、とても楽しいことだからです。もっともっと勉強がしたい。そう思ったとき、けれどもこの寺子屋は廃止《はいし》されてしまいます。そこで、少しはなれた別《べつ》の寺子屋に通って勉強を続《つづ》けることにしました。

そこは、習字や算術《さんじゅつ》のほか武士《ぶし》が習っていた中国の漢文を教えていました。生徒《せいと》もほとんどが武士《ぶし》の家の子どもばかりで、町人は富太郎《とみたろう》ともうひとりだけでした。

すでに江戸《えど》時代は終わり、武士《ぶし》がえらいという時代ではありません。商人の子どもでもしっかり勉強したほうがいいと浪子《なみこ》おばあさんも、富《とみ》太郎《たろう》自身も思っていました。しかし、寺子屋では、まだ武士《ぶし》が町人よりもえらいとされていました。

なんかへんだなあ。富太郎《とみたろう》はそう思いました。

「学問を学ぶのに、身分は関係《かんけい》あるのかな。そんな古いことにこだわっていて、いいんだろうか。勉強しなければならないことは、世の中にたくさんある。身近な草木のことだって、わからないことだらけなのに」

と。

そうこうしているうちに、新しい時代の新しい制度《せいど》のために、寺子屋というものが廃止《はいし》になってしまいました。

もっと学びたいと思っていた富太郎《とみたろう》は、十一歳《さい》で「名教館《めいこうかん》」に行くことになりました。家からは歩いていけるほど近くです。ただしだれもが簡単《かんたん》に入れる場所ではありません。勉強のよくできる富太郎《とみたろう》を寺子屋の先生が推《すい》せんしてくれたのでした。

富太郎《とみたろう》が住んでいる佐川《さかわ》は、江戸《えど》時代から教育に熱心《ねっしん》な地域《ちいき》だったので、優秀《ゆうしゅう》な人を育てるためにつくられた学校が、「名教館《めいこうかん》」でした。

明治《めいじ》になると、名教館《めいこうかん》では武士《ぶし》たちが学んでいた学問ではなく、西洋の天文学、地理学、経済《けいざい》学などの新しい知識《ちしき》を積極的《せっきょくてき》に教えていました。英語《えいご》やオランダ語など外国語で書かれた貴重《きちょう》な本も、たくさんそろっていました。生徒《せいと》たちはみな富太郎《とみたろう》よりも年上ばかり。今の高校や大学で教わるような難《むずか》しいことを学んでいたのです。

「小学校？　それはなんですか？」

十二歳《さい》になった富太郎《とみたろう》はおどろきました。国の新しい方針《ほうしん》で、教育システムが定められたのです。それによって名教館《めいこうかん》はなくなり、かわりに、小学校ができることになったのです。

「新しい学校？　新しい教育？　身分に関係《かんけい》なく、みんなが学問を学べる時代がやってきたのですね」と、富太郎《とみたろう》の夢《ゆめ》はふくらんでいました。

ところが。小学校へ通い始めた富太郎《とみたろう》は、すぐにガッカリします。なぜなら、小学校で習うよりもっと難《むずか》しい物理や天文、地理、英語《えいご》などを、すでに勉強し終えていたからです。

毎日毎日の授業《じゅぎょう》はたいくつで、富太郎《とみたろう》はつくえに座《すわ》っていることが苦痛《くつう》でしかたありませんでした。

「ああ、つまらない。学校に行くくらいなら、野山に行って草木を調べたいな。」

富太郎《とみたろう》は、だんだん学校をサボるようになっていきます。

家の裏《うら》にある金峰《きんぷ》神社の森も、よく行くところでした。
「咲《さ》いてる、咲《さ》いてる。」
とくに大好《だいす》きだったのはバイカオウレンという花です。春がやってくると、森のおくでウメににた白いかれんな花を咲《さ》かせます。富太郎《とみたろう》にとって植物をながめているときは、まるで夜空の星をながめるように、無限《むげん》に広がる世界にふれているかのようでした。

たいくつな小学校でしたが、それでもひとつだけ富太郎《とみたろう》が楽しいと思うものがありました。文部省《もんぶしょう》が発行した『博物図《はくぶつず》』です。こまかいところまで、ていねいに描《か》かれていて、色もあざやか。富太郎《とみたろう》は葉の形や、根の様子など、ひとつひとつの姿《すがた》をあきることなくながめていました——。

二年後。富太郎《とみたろう》はとうとう小学校をやめてしまいます。たいくつすぎる毎日に、どうにもこうにも、がまんできなくなったのです。そのあと

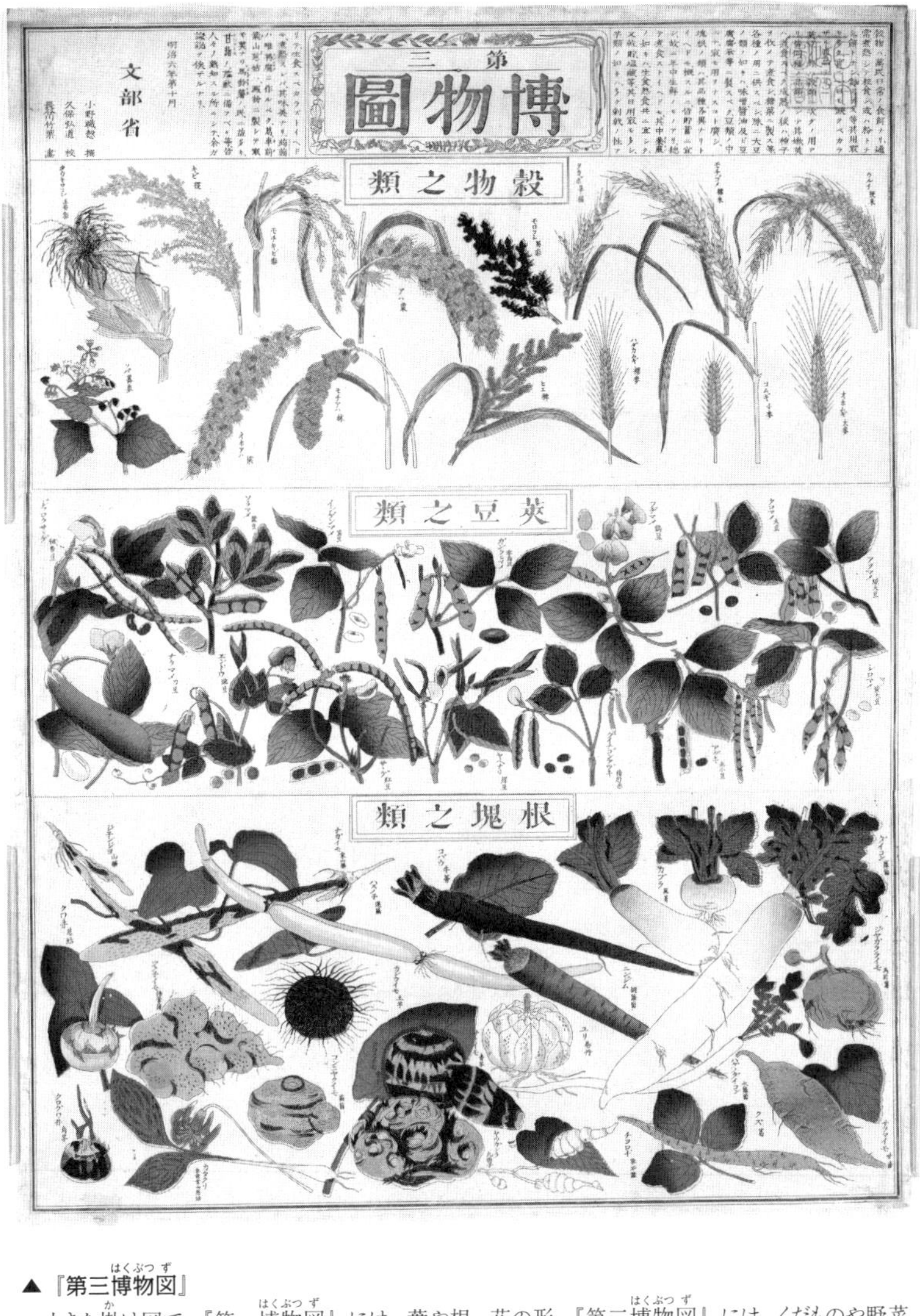

▲『第三博物図《はくぶつず》』

大きな掛《か》け図で、『第一博物図《はくぶつず》』には、葉や根、花の形、『第二博物図《はくぶつず》』には、くだものや野菜、『第三博物図《はくぶつず》』には、穀物《こくもつ》や豆、根菜、『第四博物図《はくぶつず》』にはきのこや海藻《かいそう》などが描《か》かれていた。

は、本を読んだり、大好《だいす》きな植物を観察《かんさつ》に出かけたり。植物図のように、草木の絵を描《か》いてみたり。気ままな日々《ひび》を過《す》ごしていました。

名教館《めいこうかん》で学んでいた生徒《せいと》たちは、確実《かくじつ》に上の級に進み小学校を卒業《そつぎょう》します。そして中学校へ、やがては大学へと進む人もいます。いっぽうの富太郎《とみたろう》はといえば、十四歳《さい》で小学校をやめてしまって、卒業《そつぎょう》はしていません。それでもまわりの人びとは、なにも言いませんでした。やがては岸屋《きしや》の商売をつぐのだろうから好《す》きなことをすればいい、学歴《がくれき》なんか必《ひっ》要《よう》ない、そう思っていたのでしょう。

そんな富太郎《とみたろう》のところに十五歳《さい》のとき、とつぜんの話がまいこみます。小学校で先生をやってくれないかと言うのです。小学校を卒業《そつぎょう》もしていない富太郎《とみたろう》ですが、頭がよいことはみんなわかっていました。

そこで二年ほど教えているうちに、自分自身がもっと勉強したいと思い始めた富太郎《とみたろう》は、高知《こうち》まで出て五松学舎《ごしょうがくしゃ》という塾《じゅく》に入ります。

しかし、ここでの授業《じゅぎょう》の中心は漢文です。植物、地理、天文などを学びたかった富太郎《とみたろう》には、ちょっと期待外れでした。

そんなとき、教師《きょうし》として高知《こうち》にやってきた永沼小一郎《ながぬまこいちろう》という人物と知り合います。英語《えいご》ができて、イギリスの植物学者の本を翻訳《ほんやく》したりしていました。富太郎《とみたろう》は実際《じっさい》に生えている植物について、永沼《ながぬま》は洋書にのっている植物について話し合い、どんどん親しくなっていきます。しばらくして、高知《こうち》でコレラが流行してしまったので体の弱い富太郎《とみたろう》はすぐに佐川《さかわ》に帰りますが、ふたりの交流はその後も続《つづ》きました。

佐川《さかわ》にもどった富太郎《とみたろう》は、また植物を探《さが》しにいく日々《ひび》にもどります。近所の医者の家に『本草綱目啓蒙《ほんぞうこうもくけいもう》』の写本が数冊《すうさつ》ありました。小野蘭山《おのらんざん》という江戸《えど》時代の大本草学者《だいほんぞうがくしゃ》が書いたもので、薬として使う植物の図に説明《せつめい》が付《つ》けられたものです。富太郎《とみたろう》はこれを借《か》りて写していたのですが、手間もかかるので、自分でそろえたくなりました。医者などが持つ専門《せんもん》書《しょ》なので、高価《こうか》なものでしたが、お金のある岸屋《きしや》なので問題はありません。富太郎《とみたろう》は小野蘭山《おのらんざん》の『重訂本草綱目啓蒙《じゅうていほんぞうこうもくけいもう》』を入手。植物の名前調べが始まります。さらに江戸《えど》時代に書かれた『救荒本草《きゅうこうほんぞう》』や『植学啓原《しょくがくけいげん》』などの本も手に入れて、植物の知識《ちしき》を深めていくのでした。

しかし、佐川《さかわ》での活動は、せまくて限《かぎ》りがある。富太郎《とみたろう》はそう感じるようになります。

「もっと知りたい。こうなったら、ぜひとも東京《とうきょう》へ！」

そんな思いが、富太郎《とみたろう》の心に押《お》し寄《よ》せてくるのでした。

三 はりきりすぎの東京《とうきょう》旅行

てくてく、てくてく。富太郎《とみたろう》が東京《とうきょう》へ向かって歩いています。一八八一（明治《めいじ》十四）年四月。富太郎《とみたろう》は十九歳《さい》になっていました。

東京《とうきょう》への旅には、お供《とも》がふたりついていました。番頭の竹蔵《たけぞう》の息子《むすこ》の佐枝熊吉《さえくまきち》と、旅のあいだお金をやりくりする会計係の人です。その当時、佐川《さかわ》から東京《とうきょう》へ行くことは、まるで外国へ行くことぐらい遠くてたいへんなことでした。浪子《なみこ》おばあさんは、大切な孫《まご》の富太郎《とみたろう》ひとりを東京《とうきょう》に行かせることはできなかったのです。

佐川《さかわ》を出発した三人はまず、高知《こうち》まで三十キロメートルあまりを歩いて行きました。そして高知《こうち》の港から船で神戸《こうべ》に着くと、そこから蒸気機《じょうきき》関車《かんしゃ》で京都《きょうと》へ。京都《きょうと》から四日市《よっかいち》の港までまた徒歩《とほ》です。港から船で横浜《よこはま》に着くと、そこからは汽車で新橋《しんばし》へ行きます。

「若《わか》さん、急がないと宿に着く前に日が暮《く》れてしまいますよ。」

「わかった、わかった。でも、熊吉《くまきち》つぁん、あれを見たかい。佐川《さかわ》の山に生えとるのと、ちょっとちがう葉っぱの形しとるぞ。」

何十キロも徒歩《とほ》で進まなければならないたいへんな旅も、富太郎《とみたろう》にはすべてが新鮮《しんせん》で楽しいものでした。とくに歩いているときは、道ばたの草木に目がいってしまいます。佐川《さかわ》や高知《こうち》の山やまとはちがった環境《かんきょう》に、ちがった種類《しゅるい》の植物が生えている。自分がその場に行って、見て、はじめてわかることがいっぱいある。そう感じていたのでした。

一行は、郷里《きょうり》の知り合いをたよって神田《かんだ》に宿を世話してもらいました。

「おはよう。わあ、きれいな富士山《ふじさん》だ。」

朝、宿の窓《まど》から美しい富士山《ふじさん》が見えます。けれど見ほれている時間はありません。東京《とうきょう》でやることが、富太郎《とみたろう》にはたくさんあるのです。

まず、上野《うえの》公園に向かいます。「第二回全国勧業博覧会《かんぎょうはくらんかい》」が開催《かいさい》されていたからです。これは全国各地《かくち》から工業製品《せいひん》や農産物《のうさんぶつ》、美術《びじゅつ》作品などが出品展示《てんじ》され、優秀《ゆうしゅう》さを競《きそ》い合う博覧会《はくらんかい》でした。近代化された日本で、産業《さんぎょう》や文化を盛《さか》んにしていこうと国が主催《しゅさい》したイベントで、海外で開かれている万国博覧会《ばんこくはくらんかい》の日本版《ばん》といったものです。

この博覧会《はくらんかい》を企画《きかく》したのは文部省《もんぶしょう》の博物局《はくぶつきょく》です。富太郎《とみたろう》はいろいろなつながりをたよって、その事務局《じむきょく》を訪問《ほうもん》することにしました。

「ほう、きみが牧野《まきの》くんか。土佐《とさ》からわざわざ観《み》にきたんだね。」

会ってくれたのは、博覧会《はくらんかい》を取り仕切っていた田中芳男《たなかよしお》といういちばんえらい人でした。海外の博覧会《はくらんかい》での日本の出展《しゅってん》にたずさわり、やがて上野《うえの》に博物館《はくぶつかん》や動物園をつくって「博物館《はくぶつかん》の父」とよばれる人物です。

それればかりではありません。富太郎《とみたろう》が小学校で夢中《むちゅう》になって見ていた『博物図《はくぶつず》』の制作《せいさく》を手がけていたのも、田中《たなか》だったのです。

「きみのような若《わか》い人が、草木のことを学んでくれるのは、とてもすばらしいことだ。私《わたし》たち文部省《もんぶしょう》の役人もやりがいがある。待てよそうだ、牧野《まきの》くんを小石川《こいしかわ》の植物園に案内《あんない》したらどうだろう。」

そこで若《わか》い部下がふたり、よばれました。そのうちのひとりは小野《おの》という職員《しょくいん》でした。小野《おの》といえば、小野蘭山《おのらんざん》。かつて富太郎《とみたろう》がわざわざ取り寄《よ》せてもらった『本草綱目啓蒙《ほんぞうこうもくけいもう》』を書いた人です。そこに来た若《わか》い職《しょく》員《いん》は、そのひ孫《まご》だというからおどろきです。

植物園を見たあと、小野《おの》たちからめずらしい植物を取りあつかっている植木屋を教えてもらいました。

「これはなんじゃろ。よし、これ、もらうわ。あ、これも……。」

植木屋で、富太郎《とみたろう》は佐川《さかわ》に送るたくさんの苗木《なえぎ》を買いこみます。

「若《わか》さん、買いすぎじゃありませんか。」

富太郎《とみたろう》についてきた岸屋《きしや》の会計係は頭をかかえています。

「ええじゃろ。東京《とうきょう》にはめったに来れん。必要《ひつよう》な物は買わねば。これらを植えて、植物園みたいにして観察《かんさつ》したいんじゃ。」

買い物は植物だけではありません。いちばんほしいものは顕微鏡《けんびきょう》でした。これを買うのが目的《もくてき》で東京《とうきょう》に来たようなものです。とても高価《こうか》な顕《けん》微鏡《びきょう》を買い、さらには、あちこち書店をめぐって、植物関係《かんけい》の本も買いました。日本語の本だけではなく、外国の書物も買いあさったのです。

「本は大切じゃ。たくさん読んで、自分の血や肉にしないと研究にならん。」

「そうは言っても、ずいぶんな金額《きんがく》を使ってますよ。」

心配そうな会計係に富太郎《とみたろう》はこう言うのでした。

「ケチなことしとったら学者にはなれん。わしはしっかり学んで、しっかり研究して、植物の学者になるんじゃ。」

富太郎《とみたろう》は文部省《もんぶしょう》の人びとに会って、こう感じていました。学校で学んだ学歴《がくれき》のある人たちは、えらい役職《やくしょく》につき、国のお金で研究や仕事をしている。自分は小学校も卒業《そつぎょう》はしていない。しかし、学び研究することは、学校の教室や、つくえの上だけではないはずだ。自分はどんな人よりも草木に近づいて、植物と親しくなり、植物のことを研究したいのだ、と。

一か月間あまり東京《とうきょう》で買い物をしたり、街《まち》をめぐってばかりだった富《とみ》太郎《たろう》は、草木がたくさん生えている場所へ行ってみたくなりました。そこで観光《かんこう》もかねて日光《にっこう》へと出向き、中禅寺湖《ちゅうぜんじこ》のほとりで植物を思う存分《ぞんぶん》観察《かんさつ》したのでした。

東京《とうきょう》での目的《もくてき》をはたし、そろそろ佐川《さかわ》にもどらなければならなくなってきました。

しかし富太郎《とみたろう》のことです。まっすぐ帰るわけはありません。来た道筋《みちすじ》を、そのままたどることもしません。帰りのルートは陸路《りくろ》で東海道を行くことにしました。横浜《よこはま》まで汽車のあとは、徒歩《とほ》や人力車、乗合馬車で一週間くらいで京都《きょうと》に着く予定でした。しかし歩くかたわら、道みちにある植物が気になって気になってしかたありません。やっとこさ、京都《きょうと》はもうすぐだ、というときでした。富太郎《とみたろう》はがまんできず、連《つ》れのふたりとは別《わか》れて、植物採集《さいしゅう》に行くことに決めます。

「熊吉《くまきち》さんたちは、京都《きょうと》の三条《さんじょう》の宿で待っておってください。私《わたし》は伊吹《いぶき》山《やま》の植物を見てから、そちらに向かいますから。」

これでやっとひとりになれて、草木をじっくり見ることができる。

「東京《とうきょう》では、学校を卒業《そつぎょう》していない自分でも、植物を研究していると言うとみな歓迎《かんげい》してくれた。この上は、もっと植物のことを学びたい。都会ではなく田舎《いなか》で暮《く》らす自分には、すぐそばに観察《かんさつ》や採集《さいしゅう》できるものがあふれているのだから。」

時間をおしまずにだれよりも野山に分け入り、歩き回り、植物を研究するのが何よりも大事だ。富太郎《とみたろう》はそう考えたのです。

伊吹山周辺《いぶきやましゅうへん》での採集《さいしゅう》では、まだ専用《せんよう》の道具や装備《そうび》も足りていませんでした。それでも気になる植物はじっくりとながめ、状態《じょうたい》を記憶《きおく》し、メモに記し、採集《さいしゅう》したものはていねいに紙にくるんで持ち帰るのでした。

「土佐《とさ》にだってすばらしい草木がたくさんある。これを調査《ちょうさ》し、記録《きろく》しないと。」

それからというもの、富太郎《とみたろう》は以前《いぜん》にもまして植物の採集《さいしゅう》に力を入れます。高知《こうち》の南西、足摺岬《あしずりみさき》などリアスの海岸とそれに連《つら》なる山やまのある地方を調査《ちょうさ》したりしました。そして、土佐《とさ》にある植物を『土佐植物目録《とさしょくぶつもくろく》』として分類《ぶんるい》しようと取り組みました。

ちょうどそのころ、政府《せいふ》のいらいで日本各地《かくち》を調査《ちょうさ》しているドイツの地質《ちしつ》学者エドムント・ナウマンが佐川《さかわ》にやってきます。もとより佐川《さかわ》は、勉学に力を入れてきた土地がらです。ナウマン博士《はかせ》の調査《ちょうさ》もあり、科学に興味《きょうみ》をもつ人びとも出てきました。そこで富太郎《とみたろう》は、ふるさと佐川《さかわ》に科学を広めようと「理学会」を立ち上げます。富太郎《とみたろう》の持っている書籍《しょせき》を見て勉強したり、科学に関《かん》する講演《こうえん》や研究発表をするという会でした。

しかし富太郎《とみたろう》は、みずからがリーダーとなって組織《そしき》をまとめ引っ張《ぱ》っていくタイプではありません。

自分はアイデアを思いついたり、若者《わかもの》たちに教えたり、アドバイスすることは決してきらいではない。とはいっても、みんなの上に立って仕事をしたいとは思わない。自分はもっと勉強し、もっと深く研究し、もっともっと大きなテーマに取り組みたい……。

富太郎《とみたろう》の胸《むね》のうちで、そんな思いがふくらんでいくのでした。

四　やっぱり、もう一度東京《とうきょう》へ

ガサゴソ、ガサゴソ。富太郎《とみたろう》が部屋で標本《ひょうほん》づくりをしています。採集《さいしゅう》してきたたくさんの植物は、紙束《かみたば》の間にはさんで押《お》し花にします。草木に付《つ》いていたどろや、積《つ》み重ねられた紙の山やたくさんの本。足のふみ場もないほどで、枯《か》れ葉のようなあまく香《こう》ばしいにおいがただよっています。そのため、富太郎《とみたろう》の部屋は「タヌキの巣《す》」とよばれていました。

富太郎《とみたろう》は一八八四（明治《めいじ》十七）年、二十二歳《さい》のとき、再《ふたた》び上京します。最初《さいしょ》の東京《とうきょう》行きから三年後。富太郎《とみたろう》の二度目の上京は、最新《さいしん》の科学を学ぶためでした。とはいっても学校に入るわけではありません。小学校も卒業《そつぎょう》していない富太郎《とみたろう》です。しかも年齢《ねんれい》は二十二歳《さい》。植物の研究ができる大学に入るために、学校教育を受け直そうなどとは思ってもいません。ともかく自分のやり方で、田舎《いなか》ではできない植物の科学を学ぼうと考えたのです。

植物を学ぶ人とのつながりはとても大切でした。しばらくすると、富《とみ》太郎《たろう》は東京《とうきょう》大学の植物学教室に出入りするようになっていました。

当時、大学というシステムは、まだ始まったばかりでした。校舎《こうしゃ》も建《けん》設《せつ》とちゅうです。植物学教室は、本来なら医学部になる建物《たてもの》に仮住《かりず》まいで、実験《じっけん》などはろうかにつくえを並《なら》べておこなっていたのです。

そんなおおらかな環境《かんきょう》だったので、学生でもない富太郎《とみたろう》が出入りしても、とがめる者はだれもいません。それどころか、「四国《しこく》の田舎《いなか》から植物に熱心《ねっしん》な若者《わかもの》がやってきた」と歓迎《かんげい》されたほどでした。

「きみがつくった『土佐植物目録《とさしょくぶつもくろく》』はたいへんなものだ。いいでしょう、ここの教室や資料《しりょう》は自由に使っていいですよ。」

植物学科の矢田部《やたべ》良吉《りょうきち》教授《きょうじゅ》も、そう声をかけてくれました。
教授《きょうじゅ》からの許可《きょか》をもらい研究の場が整いました。こうなると富太郎《とみたろう》はますます熱心《ねっしん》になります。学生でなくても、学生と同じように資料《しりょう》を見たり、実験《じっけん》ができるのです。

おかげで、採集《さいしゅう》した植物や資料《しりょう》がどんどん増《ふ》えて下宿は「タヌキの巣《す》」と化したのでした。下宿の場所は飯田橋《いいだばし》で、東京《とうきょう》大学からも、実験《じっけん》などが行われていた小石川《こいしかわ》植物園からも歩いて数十分のところでした。足の便《べん》がよく、居心地《いごこち》もよかったのでしょう。学生たちがよく集まってきました。

学生だけではありません。植物学科の助教授《じょきょうじゅ》だった松村任三《まつむらじんぞう》、動物学科の助教授《じょきょうじゅ》で進化論《しんかろん》を日本にしょうかいした石川千代松《いしかわちよまつ》も足しげくやってきました。こうして富太郎《とみたろう》は、優秀《ゆうしゅう》な人びとと友人になったのでした。
三好学《みよしまなぶ》はのちに「桜博士《さくらはかせ》」とよばれるほど桜《さくら》の研究で有名な人物です。

かれとは埼玉県《さいたまけん》の平林寺《へいりんじ》までいっしょに採集《さいしゅう》に出かけたことがありました。往復《おうふく》四十キロメートルあまりも歩いた採集《さいしゅう》の旅でした。

そこには、富太郎《とみたろう》が四国《しこく》では見たことのない花が咲《さ》いていました。じっとながめていると、

「それはカガリビソウだな。」

三好《みよし》がすぐさま名前を言ったので、富太郎《とみたろう》はおどろきました。さすがは東京《とうきょう》大学の学生だ。植物のことをよく知っているなあ、と。

この三好《みよし》と同級生で、岡村金太郎《おかむらきんたろう》という学生もいました。まだ他の人があまりやっていない海藻《かいそう》の研究をしていました。

富太郎《とみたろう》とよく気が合ったのは、池野成一郎《いけのせいいちろう》という学生でした。富太郎《とみたろう》は酒屋の息子《むすこ》なのにお酒が飲めません。そのかわりにあまいものが大好《だいす》きです。

「おーい牧野《まきの》、大福買ってきたぞ。」

池野《いけの》も菓子《かし》が大好《だいす》きです。パクパクと十個《こ》でも二十個《こ》でも平気で食べそうな男でした。

スイーツ仲間《なかま》のふたりは、植物の採集《さいしゅう》へもよく出かけたものです。青山《あおやま》の陸軍《りくぐん》の管理地《かんりち》に、こっそりナンジャモンジャの木の花を取りに行ったり。小山《おやま》、水戸《みと》、磐城《いわき》、仙台《せんだい》と東北《とうほく》をめぐる採集《さいしゅう》の旅に出たり。東北《とうほく》の旅のあとも、「あのとき食べた黒糖《こくとう》の菓子《かし》がうまかった」などと言うふたりでした。気が合うだけでなく、池野《いけの》はフランス語など語学が得意《とくい》で、富太郎《とみたろう》は勉強にもたくさんのしげきを受けています。なお池野《いけの》はのちに、ソテツの研究で世界的《せかいてき》な発見をする優秀《ゆうしゅう》な学者になるのでした。

東京《とうきょう》での富太郎《とみたろう》の生活は、大学に出入りしたり、あちこち採集《さいしゅう》に出かけたり、学生たちと牛鍋《ぎゅうなべ》をつついてふれ合ったりと、とてもじゅう実《じつ》したものでした。その生活をささえていたのは、ふるさと岸屋《きしや》からのお金。ほしいだけ送ってもらい、生活にこまらなかったのです。

富太郎《とみたろう》はときどき佐川《さかわ》に帰りました。まわりには「東京《とうきょう》にあきたから」と言っていましたが、佐川《さかわ》に帰らなければならない理由があったのです。

それは、ひとり息子《むすこ》として実家の岸屋《きしや》をつぐかどうか、ということでした。おばあさんたちは「東京《とうきょう》で研究していても、いずれはこちらにもどって商売をしてくれるはずだ」と思っていたのです。そのためなら、東京《とうきょう》でのお金を出してもいいと考えていたのでしょう。

富太郎《とみたろう》としても、実家になんの連絡《れんらく》もせず、東京《とうきょう》で暮《く》らし続《つづ》けるのはどこか居心地《いごこち》が悪い気分でした。ところが佐川《さかわ》に帰れば帰ったで、植物のことについて語り合える友もおらず、しばらくすると東京《とうきょう》が恋《こい》しくなるのでした。

富太郎《とみたろう》の目標《もくひょう》はひとつでした。日本のすばらしい植物がどれだけあるのか調べ、グループに分けるなど整理して、海外にも認《みと》めてもらう。そのために、日本中の植物を国際《こくさい》ルールにもとづいて分類《ぶんるい》して、ラテン語で学名を記し、世界に存在《そんざい》を明らかにしていくことでした。

道ばたにある草木にも名前がある。あるべきなのだ、と。

植物を世界に発表するときに必要《ひつよう》なのが、世界共通《きょうつう》のルールによって付《つ》けられた名前――学名です。富太郎《とみたろう》が東京《とうきょう》大学に通い出したころ、学名は、海外の学者に植物の標本《ひょうほん》を送り、名付《なづ》けてもらう、というのが通《つう》常《じょう》でした。

それというのも、同じ植物が登録《とうろく》されていないことを確認《かくにん》し、名前を付《つ》け、論文《ろんぶん》や雑誌《ざっし》など印刷《いんさつ》されたものに発表してはじめて、学名と認《みと》められるからでした。当時、日本には植物の論文《ろんぶん》を発表する場がなかったのです。

学名の最後《さいご》には、その植物を採集《さいしゅう》して命名した人の名前が入ります。けれど、これまで日本人の名前が入った学名はありませんでした。

たとえば日本のツバキ。江戸《えど》時代に海外に持ち出されて、その存在《そんざい》が知られるようになると、スウェーデンの植物学者、リンネが分類《ぶんるい》して学名を付《つ》けました。日本の植物ですが、学名に入っている名前は日本人ではないのです。

ところが、矢田部教授《やたべきょうじゅ》が、ロシアの植物学者・マキシモヴィッチ博士《はかせ》にある標本《ひょうほん》を送ったところ、これまでにない新属種《しんぞくしゅ》のようなので、「ヤタベ・ジャポニカ・マキシモヴィッチ」と採集者《さいしゅうしゃ》であるあなたの名前を付《つ》けたい。ついては、もう少し確認《かくにん》したいから追加《ついか》で標本《ひょうほん》を送ってほしい、という手紙が来たのです。

学名の付《つ》けかた

ラテン語で「属名《ぞくめい》」、「種名」、最後《さいご》に「命名者」の順番で表記します。属《ぞく》とはその植物が所属《しょぞく》するグループのことで、こうしてグループ分けをすることを分類《ぶんるい》といいます。学名は、世界中で同じ言語で命名するので、世界共通で使える名前になります。この命名法は分類学《ぶんるいがく》の父とよばれるリンネによって整えられました。

たとえば、ツバキは「『カメリアのなかまの日本産のもの』という名前を、リンネが付《つ》けました」という意味のラテン語で、このような学名になります。

ツバキの学名「Camellia《カメリア》 japonica《ジャポニカ》 Linnaeus《リンネ》」

属名《ぞくめい》	「Camellia《カメリア》」
種名《しゅめい》	「japonica《ジャポニカ》」
命名者名	「Linnaeus《リンネ》」

送った植物標本《ひょうほん》は、和名では「戸隠升麻《とがくししょうま》」とよばれているものでした。

この話を聞きつけてあわてたのが、以前《いぜん》からトガクシショウマを研究していた伊藤篤太郎《いとうとくたろう》という植物学者でした。伊藤《いとう》にしてみれば、あとからのくせに「ヤタベ」と学名が付《つ》いては、イヤな気分になったのもムリはないでしょう。

それから三か月後、伊藤《いとう》はイギリスの植物雑誌《ざっし》にトガクシショウマを「ランザニア・ジャポニカ・イトウ」という学名で発表しました。

学名は、一日でもはやく発表したものが優先《ゆうせん》というルールがあります。こうして一八八八（明治《めいじ》二十一）年、日本人による学名の第一号は、思いもよらない展開《てんかい》で実現《じつげん》したのでした。

しかしそうなると、おもしろくないのは矢田部《やたべ》教授《きょうじゅ》です。そのいかりは相当なもので、植物学教室への伊藤篤太郎《いとうとくたろう》の出入りを禁止《きんし》し、破門《はもん》にしてしまいます。おかげでトガクシショウマはかげで「破門草《はもんそう》」と呼《よ》ばれることにもなるのです。

日本の植物研究は動き始めました。

日本人による学名第一号こそが、富太郎《とみたろう》のものでした。「破門騒動《はもんそうどう》」のよく年、一八八九（明治《めいじ》二十二）年のこと。土佐《とさ》で採集《さいしゅう》したヤマトグサの学名を、植物学教室の助教授《きょうじゅ》だった大久保三郎《おおくぼさぶろう》とともに、「テリゴヌム・ジャポニカ・オオクボ・マキノ」と名付《なづ》けて発表したのです。

これは、ふるさと土佐《とさ》で続《つづ》けてきた採集《さいしゅう》と写生をもとに、富太郎《とみたろう》が東京《とうきょう》でつくった雑誌《ざっし》に載《の》せたものでした。

そうです。富太郎《とみたろう》は、世界の人にも知らせる場、発表する舞台《ぶたい》として、日本にも学会誌《がっかいし》や書籍《しょせき》が必要《ひつよう》だと考え、実行にうつしたのでした。

五

恋《こい》する富太郎《とみたろう》になにをする

富太郎《とみたろう》は、大学へ通う道のとちゅうに小さな菓子屋《かしや》を見つけます。店番をしていたのは、とても若《わか》く、それでいて品のある美しさがあり、かしこそうな顔立ちをした娘《むすめ》でした。

ひと目ぼれでした。富太郎《とみたろう》は、かつて「西洋ハタットウ」といわれたように手足が長く、スタイルもよく、ほりの深いイケメンです。土佐《とさ》に帰れば、「東京帰《とうきょうがえ》りの若旦那《わかだんな》」とよばれ、若《わか》い女性《じょせい》にキャーキャーさわがれていました。しかし本人は、けっして、誰《だれ》かに心がときめくことなどなかったのに、今、目の前の女性《じょせい》にドギマギしているのです。もう、なにを買ったのかもわからず、店を飛《と》び出てしまいました。

富太郎《とみたろう》には夢《ゆめ》がありました。それを実現《じつげん》するために、実際《じっさい》に動き始めてもいたところでした。富太郎《とみたろう》の夢《ゆめ》。それは、小学校時代に富太郎《とみたろう》を夢《む》中《ちゅう》にさせた植物図にありました。絵の得意《とくい》な富太郎《とみたろう》は、あの植物図のような絵がたくさんある研究書をつくりたい、正確《せいかく》な絵で植物を説明《せつめい》する本をつくりたいと考えていたのです。

本を出版《しゅっぱん》するには、たくさんのお金がかかります。いくら実家がお金持ちの富太郎《とみたろう》でも、おいそれとは実現《じつげん》できません。

そうだ、草木のくわしい図版《ずはん》やそれを説明《せつめい》する文章を自分で書きあげて、印刷《いんさつ》も自分ひとりでやれば安上がりにできるはずだ。しかも、印刷《いんさつ》の技術《ぎじゅつ》があれば、なにも東京《とうきょう》ではなく土佐《とさ》にいてもつくることができるにちがいない。

富太郎《とみたろう》は、神田《かんだ》の石版屋《せきばんや》に、印刷《いんさつ》を学びに通うようになっていました。

そんなときに。

恋《こい》はとつぜんです。降《ふ》ってわいたようなドギマギする出会い。富太郎《とみたろう》はそれ以来《いらい》、毎日のように菓子屋《かしや》に通いつめます。しかし店を訪《おとず》れても、自分からはなにも言えず、娘《むすめ》のほうもはずかしがって口をきいてくれません。恋《こい》する富太郎《とみたろう》は考えました。

「そうだ。石版屋《せきばんや》のおやじさんにたのんで、かの女のことを探《さぐ》ってもらおう。商売がら、いろんな人と会っていて、話がうまい人だし。」

さっそく、お世話になっていた太田《おおた》という石版屋《せきばんや》の主人にたのんでみました。それからしばらくして――。

「牧野《まきの》さん、わかりやしたよ。かの女の名前は壽衛《すえ》さんですわ。なんでも、もとは、お武家《ぶけ》様のおじょうさまでやんしてな……。」

太田《おおた》の報告《ほうこく》はこうでした。

壽衛《すえ》の父親は、かつては武士《ぶし》で、名前を小沢一政《おざわかずまさ》といった。明治《めいじ》になってからは陸軍《りくぐん》に勤《つと》めていたが、数年前に亡《な》くなった。たいへん大

御菓子

きな家に住んでいたが、大黒柱を失《うしな》ってお金の苦労《くろう》があり、小さな菓子《かし》屋《や》を始めた。壽衛《すえ》は小沢家《おざわけ》の次女で、小さいころから三味線《しゃみせん》やおどりを習ったりしていて、とてもかしこい娘《むすめ》だ、というのです。

そうと聞いた富太郎《とみたろう》は、石版屋《せきばんや》の主人に仲立《なかだ》ちしてもらい、少しずつ親しくなっていくのでした。

おなじころ、富太郎《とみたろう》はたいへんなことを成《な》しとげていました。

「海外には植物学の研究論文誌《ろんぶんし》がある。日本でもそういった出版物《しゅっぱんぶつ》が必要《ひつよう》じゃないのか。」

かねてから、親しい学生の市川延次郎《いちかわのぶじろう》や染谷徳五郎《そめやとくごろう》とそんなふうに話しあっていた富太郎《とみたろう》は、「よし、ともかくやってみよう」と、雑誌《ざっし》の刊《かん》行《こう》に取り組んだのです。それがあるていど形になったとき、矢田部教授《やたべきょうじゅ》にも相談してみました。すると、自らが会長を務《つと》める植物学会に学会誌《がっかいし》がないので、それをあててはどうだろうとの提案《ていあん》がありました。わたりに船とはこのことと、富太郎《とみたろう》たちは大喜《おおよろこ》びです。そうなれば、会員たちに配布《はいふ》するばかりではなく、海外の植物学関係《かんけい》の機関《きかん》にも届《とど》けてもらえるでしょう。日本の植物について知ってもらえるのです。

こうして一八八七（明治《めいじ》二十）年二月、富太郎《とみたろう》たちの雑誌《ざっし》を土台として、矢田部教授《やたべきょうじゅ》の手が加《くわ》わった「植物学雑誌《しょくぶつがくざっし》」が創刊《そうかん》されました。日本の植物研究の結果《けっか》が、ここから発信《はっしん》されるようになったのです。

この「植物学雑誌《しょくぶつがくざっし》」こそ、富太郎《とみたろう》が日本人で二番目に学名を付《つ》けた、ヤマトグサを発表した学会誌《がっかいし》となったのです。

けれど、いいことばかりではありませんでした。富太郎《とみたろう》に佐川《さかわ》から悪い知らせが届《とど》きます。富太郎《とみたろう》をささえてくれた祖母《そぼ》の浪子《なみこ》おばあさんが亡《な》くなったというのです。

富太郎《とみたろう》はあせりました。人生が絶好調《ぜっこうちょう》に動きだしたときに、なんということだ。いまがいちばんいいところなのに、と。そうはいっても、こればかりは手のほどこしようがありません。富太郎《とみたろう》はとつぜん、岸屋《きしや》の主人になっていたのです。

さて、これから、どうすればいいのか。考えあぐねた富太郎《とみたろう》ですが、佐川《さかわ》にもどれば、植物の絵ばかり描《か》き、東京《とうきょう》にもどればいつものように大学に出入りするばかり。富太郎《とみたろう》はこれまで以上《いじょう》に植物研究の事がらに取り組んでいたのです。そんなふうにして東京《とうきょう》で一年、佐川《さかわ》で一年という具合に、行ったり来たりの生活が続《つづ》きました。そのうち富太郎《とみたろう》は、郷《きょう》里《り》へ帰ることがだんだんイヤになってくるのでした。

植物の図入りの書籍《しょせき》も、ふるさとの高知《こうち》ではなく、『日本植物志図《にほんしょくぶつしず》篇《へん》』として東京《とうきょう》で出版《しゅっぱん》することにしました。

一八八八（明治《めいじ》二十一）年、富太郎《とみたろう》はついに『日本植物志図篇《にほんしょくぶつしずへん》』の第一巻《かん》第一集を出版《しゅっぱん》します。富太郎《とみたろう》が描《か》いた図解《ずかい》を主にしたものでした。

「いやあ、これはすごい本だぞ。今、日本でこんな本をつくれるのは、牧野富太郎《まきのとみたろう》ただひとりだ。」

大学で助教授《じょきょうじゅ》だった松村任三《まつむらじんぞう》も大絶賛《だいぜっさん》です。海外での植物学会でも評判《ひょうばん》となり、特《とく》にロシアのマキシモヴィッチ氏《し》は、図がとても正確《せいかく》であると、富太郎《とみたろう》をほめたたえる手紙をわざわざ送ってきたほどでした。

富太郎《とみたろう》が壽衛《すえ》と暮《く》らし始めたのは、ちょうどそんなころでした。とてもいそがしい生活でしたが、幸せの絶頂《ぜっちょう》です。

一八九〇（明治二十三《めいじ》）年には、ムジナモの発見をします。

五月、富太郎《とみたろう》はヤナギの標本採集《ひょうほんさいしゅう》のために東京《とうきょう》の小岩付近《こいわふきん》の江戸川《えどがわ》の土手に行きます。土手の内側《うちがわ》にある用水池をヤナギの枝《えだ》がおおっています。採集《さいしゅう》のためにそれを折《お》りながら水面を見ると――。

「おや、なんだろう。」

不思議《ふしぎ》な形をした水草があります。富太郎《とみたろう》はヤナギの枝《えだ》そっちのけで、すぐさまこれをすくい取りました。見れば見るほど、不思議《ふしぎ》な形です。大学に飛《と》んで帰り、みんなに見せたのですが、だれも見当がつきません。

「牧野《まきの》くん、ひょっとしてあれじゃないのかね。」

矢田部教授《やたべきょうじゅ》が見せてくれたのは、世界的《せかいてき》にもめずらしい食虫植物のページでした。ヨーロッパや、インド、オーストラリアなどの一部に生えているとされているものです。

「どうやらその仲間《なかま》のようだが……ふうむ、日本にもあったとは。」

この発見には、みんながおどろきました。富太郎《とみたろう》は十一月発行の「植《しょく》物学雑誌《ぶつがくざっし》」で、日本での名前、和名をムジナモと決めました。水草の形が、アナグマやタヌキににた動物、ムジナの尾《お》みたいだったからです。

調べれば調べるほど、この植物は不思議《ふしぎ》でした。水面にうかんでいる水草で、根はありません。全長は長いもので二十五センチくらい。五ミリくらいの間かくで茎《くき》をかこむように風車の羽のような葉が付《つ》いていて、その先端《せんたん》に虫をつかまえる器官《きかん》があります。それは二枚貝《まいがい》のような形で、なかに獲物《えもの》が入ると、ものすごい速さで閉《と》じるのでした。おそらく厳《きび》しい環境《かんきょう》のなかで生きていくために、葉の一部を変化《へんか》させて動物から栄養《えいよう》を得《え》るような仕組みになったのでしょう。

富太郎《とみたろう》は観察《かんさつ》を続《つづ》けました。虫をつかまえる部分などを解剖《かいぼう》し、ていねいに図を記録《きろく》していきます。夏になって花の茎《くき》が出ました。

「おや、花が咲《さ》いとる。」

やがて白っぽい小さな花が咲《さ》いたとき、富太郎《とみたろう》は正確《せいかく》にムジナモのスケッチを始めました。ムジナモは、花が咲《さ》くのはまれな植物でした。しかも咲《さ》いたとしても、昼の一時間から二時間ほど。そのため海外の植物学会では、花が咲《さ》くことは知られていませんでした。よく年に発表され

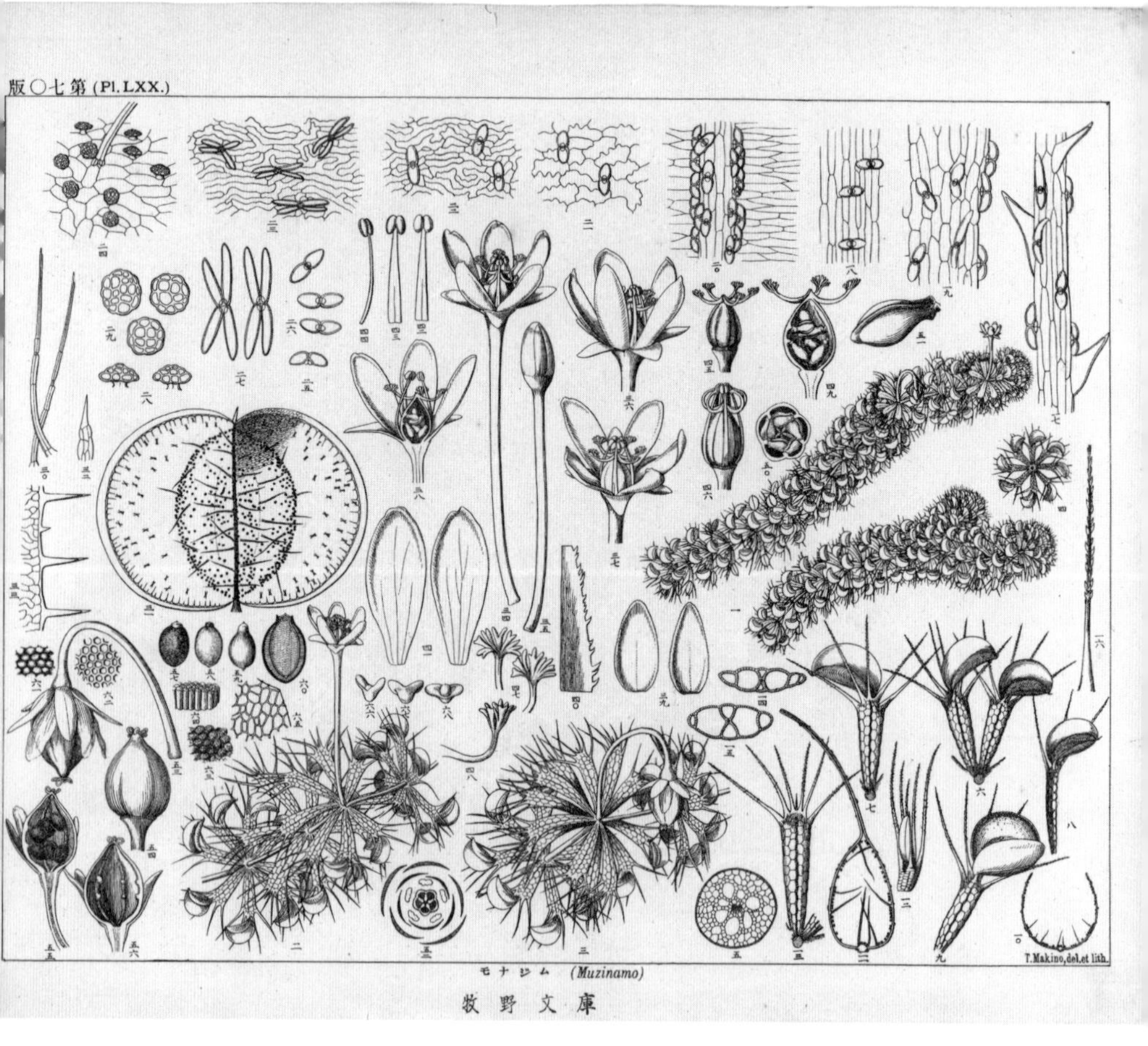

*ムジナモの図　(写真提供：高知県立牧野植物園)

た解剖図《かいぼうず》と花の図は、ヨーロッパの学会でも大きな話題となります。

小学校も卒業《そつぎょう》していないけれど、学歴《がくれき》や地位《ちい》の順列《じゅんれつ》など気にもせず、着実に自分の研究と実績《じっせき》を積《つ》み上げていく富太郎《とみたろう》を、世界は大いに評価《ひょうか》したのです。おそらくそのことが原因《げんいん》でしょう。

富太郎《とみたろう》は矢田部教授《やたべきょうじゅ》から声をかけられました。

「実はだね。この植物学教室も研究成果《せいか》を出していかなければならない。そこで、私《わたし》はこれまでのものをまとめた植物図の本をつくることにした。ここは国のお金で研究している大学だ。だから大学に関係《かんけい》のないきみは、本来ここへは立ち入り禁止《きんし》だ。これからは、ここの資料《しりょう》や標本《ひょうほん》を使わないでくれたまえ。いいかね。」

矢田部教授《やたべきょうじゅ》の言葉に、富太郎《とみたろう》はぼうぜんとします。『日本植物志図篇《にほんしょくぶつしずへん》』は順調《じゅんちょう》に出版《しゅっぱん》を重ね、第一巻《かん》第五・六集までこぎつけたときで、妻《つま》の壽衛《すえ》には子どもが生まれたばかりでした。

六 研究室《けんきゅうしつ》をしめ出され

シクシク……。富太郎《とみたろう》はタヌキの巣《す》と言われた下宿で、くやし泣《な》きしています。矢田部教授《やたべきょうじゅ》から植物学教室への出入りを禁《きん》じられたからです。

「日本で植物を研究しちょる人間はわずかです。それをしめ出して、いったいどうするんです。日本の植物学にとって、大損失《だいそんしつ》じゃないのですか。どうか大学の標本《ひょうほん》や資料《しりょう》を使わせてください。矢田部《やたべ》先生は植物学の第一人者として、後進を指導《しどう》する立場にあるのとちがいますか。」

富太郎《とみたろう》は矢田部教授《やたべきょうじゅ》の自宅《じたく》まで押《お》しかけて、説得《せっとく》をこころみました。

しかし教授《きょうじゅ》は、「西洋でも、発表するまで研究は秘密《ひみつ》にされるものだ。だから私《わたし》が植物図の本に取りかかっている間は、出入りはダメだ」と、がんとして認《みと》めてくれません。

「ムジナモ」を発見していた富太郎《とみたろう》ですが、その後の研究を大学でやることが不可能《ふかのう》になってしまいました。友人の池野成一郎《いけのせいいちろう》の取りなしによって農科大学の研究室で続《つづ》けられることにはなったものの、それから先はどうしたものか。富太郎《とみたろう》は考えこんでしまいました。

大好《だいす》きな植物を研究したいけれど、満足《まんぞく》にできる場がない。矢田部教授《やたべきょうじゅ》のことは思い出すたびに悲しくも、腹立《はらだ》たしくもありましたが、どうすることもできません。

「東京《とうきょう》の大学がダメならダメで、それ以上《いじょう》の研究の場がどこかにないものだろうか……待てよ、そうだ。自分を評価《ひょうか》してくれる人は海外にもいる。決めた。ロシアのマキシモヴィッチ博士《はかせ》のところに行こう。」

といっても、そちらに行って研究したいという話をどうやって伝《つた》えればいいのか。そう考えた富太郎《とみたろう》は、名案《めいあん》を思いつきました。東京《とうきょう》・駿河《するが》台《だい》にある教会のニコライ堂《どう》にはロシア人の主教様がいる。あのお方に相談してみよう。

主教様はマキシモヴィッチ博士《はかせ》あてに、手紙を書いてくれました。

「牧野《まきの》さんは非常《ひじょう》に感じがよく、親切で有望《ゆうぼう》な二十五歳《さい》の若者《わかもの》です。両親は亡《な》くなっていますが、妻《つま》と子どもがいます。かれは、あなたのもとで研究したいと言っています。ペテルブルグまでの旅費《りょひ》はありますが、それからの生活費《せいかつひ》はありません。かれがそちらで暮《く》らしていけるよう、植物採集《さいしゅう》の仕事や植物園での仕事を世話してはもらえないでしょうか。」

富太郎《とみたろう》は、自分の研究を高く評価《ひょうか》してくれるマキシモヴィッチ博士《はかせ》のために、作成《さくせい》した標本《ひょうほん》などをまとめてロシアに持って行こうと考えていました。そして返事が来るのを、今か今かと待ちわびていました。

とうとう、ロシアから返事が来ました。それによると、日本からの手

紙が届《とど》き、富太郎《とみたろう》がロシアで研究したいということを知って、博士《はかせ》はたいへん喜《よろこ》んでくれたそうです。ところが、病気が急に悪くなってしまい、ほどなくして亡《な》くなってしまった。というのでした。

富太郎《とみたろう》はがっくりうなだれます。ロシア行きが不可能《ふかのう》となったからには、やるべきことは決まっていました。だれよりも植物を研究し、矢田部教授《やたべきょうじゅ》がつくる図入り植物誌《しょくぶつし》よりもすぐれた『日本植物志図篇《にほんしょくぶつしずへん》』を出し続《つづ》けることです。しかし、そのためにはたいへんなお金が必要《ひつよう》でした。となるとたよりになるのは、実家の岸屋《きしや》しかありません。

そんなときでした。イヤなことは重なります。佐川《さかわ》からこんな知らせが届《とど》きました。

「なんども手紙でお知らせしたとおりです。岸屋《きしや》にはもう、お金がありません。つきましては、家財《かざい》を整理する必要《ひつよう》があります。どうか佐川《さかわ》にもどってきてください。」

こうして、一八九一（明治《めいじ》二十四）年の秋、富太郎《とみたろう》は妻子《さいし》を東京《とうきょう》に残《のこ》し、ひとりで佐川《さかわ》にまいもどっていきました。

手広く商売をしていた岸屋《きしや》の整理は、そう簡単《かんたん》にはいきません。時間がかかりそうでした。しかたなく地元で植物の採集《さいしゅう》や写生を続《つづ》けながら、富太郎《とみたろう》は考えていました。

「これがすんで東京《とうきょう》にもどったら、矢田部《やたべ》先生と大いに学問上の問題で競争《きょうそう》しよう。勝負の相手としてはおもしろいじゃないか」と。

そんなときです。地元新聞社の記者が、女子師範《じょししはん》学校に音楽の練習を見に行こうとさそってきました。東京《とうきょう》では西洋音楽にも親しんでいた富《とみ》太郎《たろう》は、練習風景《ふうけい》を見てあぜんとしました。東京《とうきょう》で聴《き》いた音楽とはずいぶんとちがっていたからです。拍子《ひょうし》の取り方も変《へん》でした。まちがった音楽が広まってはこまるぞ……。

いちど思い立ったら、もう、いても立ってもいられない富太郎《とみたろう》です。すぐに「高知西洋音楽会《こうちせいようおんがくかい》」というグループを立ち上げます。富太郎《とみたろう》はオルガンを持ちこんだり、楽譜《がくふ》を集めたり、みずからタクトをふるって大いに歌ったりするのでした。ついには、音楽会を開催《かいさい》。その間、富太郎《とみたろう》は実家ではなく、一流の宿屋にとまって、岸屋《きしや》の家財《かざい》を処分《しょぶん》するはずで故郷《こきょう》にもどったというのに、たくさんのお金を使ってしまうのでした。

そんな富太郎《とみたろう》のもとに、東京《とうきょう》の大学から一通の手紙が届《とど》きます。

「あなたを大学で採用《さいよう》したい。ついては、すぐにもどってくるように」という内容《ないよう》でした。というのも、富太郎《とみたろう》をしめ出した矢田部教授《やたべきょうじゅ》がとつぜん大学をやめたらしいのです。そうと聞いても、富太郎《とみたろう》はなぜか喜《よろこ》べませんでした。ああ、そうなんだ、という感じだったのです。

「連絡《れんらく》ありがとうございます。今、実家を整理中ですぐにはもどれません。これがすんだら、よろしくお願《ねが》いいたします。」

すぐに返事は出したものの、そんなそっけない内容《ないよう》でした。

そしていよいよ、岸屋《きしや》の家財《かざい》は整理されることになりました。親族と番頭たちにほとんどのお金をあたえると、富太郎《とみたろう》の手元に残《のこ》ったのはわずかばかりでした。

そんなさなか、富太郎《とみたろう》は急いで東京《とうきょう》にもどります。まだ幼《おさな》い長女の園《その》子《こ》が亡《な》くなった、という知らせが届《とど》いたからでした。

そのとき壽衛《すえ》はとても若《わか》かったのですが、武士《ぶし》の娘《むすめ》だったという育ちのせいでしょうか、泣《な》きごとは決して言いません。ただ、はじめての子どもを亡《な》くしたというのは、植物のことばかり考えている富太郎《とみたろう》にもショックでした。自分よりも、産《う》んだ壽衛《すえ》はもっと悲しんでいるにちがいない。そう思った富太郎《とみたろう》は、すぐさま佐川《さかわ》をあとにしたのでした。

東京《とうきょう》にもどった富太郎《とみたろう》にはもう、経済的《けいざいてき》に助けてもらうあてがありませんでした。自ら働《はたら》いて、お金を得《え》なければならないのです。

大学からのあの手紙に返事を出してから、しばらく時間がたっていましたが「そのまま役職《やくしょく》は空けてある。いまからでもいいから来るように」と言うので、帝国《ていこく》大学（現在《げんざい》の東京《とうきょう》大学）の植物学教室の助手として勤務《きんむ》することになりました。月給《げっきゅう》は十五円。それなりに見合った金額《きんがく》だと言えるでしょう。しかし、これまで湯水のようにお金を使ってきた富太郎《とみたろう》にとって、まったく足りないのは明らかでした。

研究すればするほど、お金がかかる毎日です。植物のためなら、お金に糸目はつけません。資料本《しりょうぼん》はどんどん買います。同じものでも訂正《ていせい》の入った改訂版《かいていばん》が出ると、どこがどう変《か》わったのか買って確《たし》かめます。採《さい》集《しゅう》のハサミなどの道具、絵のための画材《がざい》も、品質《ひんしつ》のいい高価《こうか》ものばかりで質《しつ》を落としたものは使いません。ケチケチしていては植物学者にはなれない、というのが富太郎《とみたろう》の考えです。

そのうえ、家族がいます。家族を食べさせていかなければなりません。牧野家《まきのけ》に最初《さいしょ》に生まれた子は、幼《おさな》くして病気で亡《な》くなってしまいましたが、そのあとに子どもが生まれて、家族が増《ふ》えています。生活費《せいかつひ》もそれだけ増《ふ》えていったのです。

ちなみに、富太郎《とみたろう》と壽衛《すえ》の間には、十三人の子どもが生まれましたが、六人が病気で亡《な》くなってしまい、大人にまで成長《せいちょう》したのは七人でした。

では、足りないお金はどうするか？　答えは決まっています。あちこちから借金《しゃっきん》する。ほかに方法《ほうほう》はありませんでした。

七

助手生活は借金《しゃっきん》だらけ

ウロウロ、ウロウロ。富太郎《とみたろう》は家から少しはなれたところを、行ったり来たりして歩き回っています。

なぜかというと、家の前に赤旗《あかはた》を見たからです。妻《つま》の壽衛《すえ》からの合図です。意味はこうです――。

「敵軍来襲《てきぐんらいしゅう》。身をひそめて待て。」

借金取《しゃっきんと》りが家に押《お》しかけてくると、家の前の電柱に赤い旗《はた》をぶら下げておき、富太郎《とみたろう》にそうと知らせたのでした。

壽衛《すえ》は勇《いさ》ましい人です。あるときは出産《しゅっさん》を終えて三日後、お金を貸《か》してくれた人の家に乗りこみました。いいえ、正しく言えば、おわびにうかがったのです。

「申しわけございません。主人はいまたいへんな研究に取り組んでおります。私《わたくし》は、こんな状態《じょうたい》でございまして……。」

そう言って、深ぶかと頭を下げます。子どもを産《う》んだばかりのやつれた姿《すがた》を見て、貸主《かしぬし》はどうして「お金を返せ！」と言えるでしょう。

壽衛《すえ》は信念《しんねん》の人です。借金取《しゃっきんと》りが家にやってきたとき、こんなふうに熱弁《ねつべん》をふるうのでした。富太郎《とみたろう》がどんなにすごい仕事をしているのか。どれだけ日本のためになっているのか。こんなことができるのは富太郎《とみたろう》以外《いがい》にいないのだ、と。

ついには借金取《しゃっきんと》りもその言葉に心を動かされ、「それではがんばってください。貸《か》したお金の返済《へんさい》は、もうしばらく待ちましょう」という具合に帰っていくのでした。

壽衛《すえ》はつつしみ深い人です。武士《ぶし》の娘《むすめ》として大きなおやしきで育ち、三味線《しゃみせん》やおどりなど習い事もしてきた娘《むすめ》です。しかし、ぜいたくはしませんでした。新しい着物がほしいなどと、一度も言ったことはありません。自分の着るものはつくろって、ボロボロになっても着続《きつづ》けます。

そして、壽衛《すえ》はほこり高い人でした。びんぼうで苦しい生活をしていても、子どもたちにはこう言いました。

「すべては学問のためにびんぼうなのです。決してはじることはありません。さあ、胸《むね》をはりなさい」と。

大学の助手になったよく年の一八九六（明治《めいじ》二十九）年、富太郎《とみたろう》は植物の調査《ちょうさ》に、台湾《たいわん》に行くことになりました。約《やく》一か月の予定で、大学から旅費《りょひ》などとして百円が支給《しきゅう》されることとなりました。

富太郎《とみたろう》がそのことを話すと、壽衛《すえ》はこう言うのでした。

「それで足りますか？　一か月も異国《いこく》で調べまわって。」

「ふむ、たしかに。あと五十円くらいは必要《ひつよう》かもしれない。」

「そうでしょう。向こうでは勝手もちがうでしょうし、とても足りないんじゃないですか。わかりました。ここは私《わたし》にまかせてください。」

そう言うと壽衛《すえ》はさらに、富太郎《とみたろう》の給与《きゅうよ》の十か月分のお金――百五十円を、どこからともなく用立ててきたのでした。

そんな壽衛《すえ》の心づかいのおかげで、富太郎《とみたろう》は熱帯《ねったい》で採取《さいしゅ》した植物を新聞紙にはさみ、腐《くさ》らないようアルコールをかけて、ブリキ板を張《は》った木箱に入れて見事に日本に送ることができたのでした。


仕事を完《かん》ぺきに実行するために予算以上《いじょう》のお金を使ってしまうのが富《とみ》太郎《たろう》です。だから生活は苦しいままでした。

「そうだ、これまでに描《か》きあげた日本産《さん》の植物の図説《ずせつ》をつかって、学問と教育の両方に向けて本を出すのはどうだろう。そうすれば、売れるのではないか」と、ひらめきました。

こうして富太郎《とみたろう》は、『新撰日本植物図説《しんせんにほんしょくぶつずせつ》』を自費《じひ》で出版《しゅっぱん》します。しかし、こり性《しょう》の富太郎《とみたろう》のことです。ていねいに時間をかけて出版《しゅっぱん》しても、それにみあう収益《しゅうえき》は、なかなか得《え》られません。

とうとうお金を貸《か》してくれる人もいなくなった富太郎《とみたろう》は、やむなく、高利貸《こうりか》しからお金をかりるようになってしまいました。そうなると、利《り》息《そく》だけでもどんどんふくらんでいきます。そして二、三年もすると、その金額《きんがく》は二千円をとっ破《ぱ》してしまうのでした。月給《げっきゅう》十五円の富太郎《とみたろう》にとって、十一年分以上《いじょう》の金額《きんがく》です。そんなところへ——。

「なんか牧野《まきの》くんが、とんでもないことになってるらしいぞ。」

法学者《ほうがくしゃ》の土方寧博士《ひじかたやすしはかせ》と、政治家《せいじか》の田中光顕《たなかみつあき》とがうわさを聞きつけ、支《し》援《えん》に乗り出してくれたのです。ふたりとも佐川《さかわ》出身で名教館《めいこうかん》の大先輩《だいせんぱい》で、田中氏《たなかし》の政治力《せいじりょく》と土佐《とさ》のつながりの力は絶大《ぜつだい》です。

加《くわ》えて、三菱財閥《みつびしざいばつ》の岩崎弥太郎《いわさきやたろう》も土佐《とさ》出身でした。その縁《えん》もあり、岩《いわ》崎家《さきけ》が支援《しえん》をしてくれることとなったのです。おかげで二千円ほどの借《しゃっ》金《きん》は、きれいさっぱりなくなりました。

それだけではありません。東京帝国大学《とうきょうていこくだいがく》（現在《げんざい》の東京《とうきょう》大学）で教授《きょうじゅ》をしていた土方寧博士《ひじかたやすしはかせ》が、浜尾新総長《はまおしんそうちょう》に富太郎《とみたろう》をしょうかいしてくれました。富太郎《とみたろう》の立場を理解《りかい》し、心配してくれた浜尾総長《はまおそうちょう》は、大学がお金を出して『大日本植物志《だいにほんしょくぶつし》』をつくるようにと、うまく取り計らってくれたのです。

大学助手の給料《きゅうりょう》は定められていて、富太郎《とみたろう》だけ特別《とくべつ》に値上《ねあ》げすることはできません。そこで本をつくる仕事によって、月給《げっきゅう》のほかに追加《ついか》でお金を得《え》ることができるようにしてくれたのです。富太郎《とみたろう》の心は晴れわたりました。望《のぞ》んでいた本づくりを、自費《じひ》ではなく大学のお金でできるのです。富太郎《とみたろう》は張《は》り切って仕事に取りかかりました。

この話を聞いた植物学教室の松村任三教授《まつむらじんぞうきょうじゅ》は、とつぜんのことにとま

▲東京帝国《とうきょうていこく》大学植物学教室の助手室にて、38歳《さい》の富太郎《とみたろう》　（写真提供：高知県立牧野植物園）

どいました。助手としてやってほしい仕事はたくさんあります。なのに本づくりを富太郎《とみたろう》にまかせるとは、ちょっと特別《とくべつ》あつかいではないのか。そんな気持ちにもなったのでしょう。

しかし、そんなことはお構《かま》いなしの富太郎《とみたろう》です。『大日本植物志《だいにほんしょくぶつし》』づくりだけでなく、採集《さいしゅう》に出かけたり、学会の雑誌《ざっし》に原稿《げんこう》を書いたりと大いそがし。だんだんと植物学に興味《きょうみ》をもつ一般《いっぱん》の人も増《ふ》えてきました。そうした人びとの間で、次つぎと新種《しんしゅ》を発見し論文《ろんぶん》を発表する富太郎《とみたろう》の名は、よく知られるようになっていきました。

一九〇三（明治《めいじ》三十六）年八月、富太郎《とみたろう》は北海道《ほっかいどう》の利尻島《りしりとう》にいました。高山植物を調査《ちょうさ》し、紀行文《きこうぶん》も書いてほしい、という植物愛好家《あいこうか》からの依頼《いらい》を富太郎《とみたろう》は喜《よろこ》んで引き受けました。明治《めいじ》時代に利尻山《りしりざん》で登山をする人など、ほとんどいませんでした。だから登山道も整備《せいび》されていないのです。そこを、植物を採集《さいしゅう》しながら登っていきます。北のはての島にある山のこと、本州《ほんしゅう》とはまったくちがった植物たちがあちこち生えています。

富太郎《とみたろう》はうれしくて、楽しくてたまりませんでした。草木を見回しては立ち止まり、あっちで草の根をほり返し、こっちで枝先《えださき》の花をつむといった具合なので、ちっとも足は進みません。

ついに山のとちゅうで、日がしずんでしまいました。富太郎《とみたろう》を招《まね》いてくれた人物は高齢《こうれい》で、荷物運びをする人足たちとともに下山していきましたが、富太郎《とみたろう》たち四人は山に残《のこ》りました。夏とはいえ、なにしろ北の島の高山です。日が落ちたあとはとても寒く、おまけに食べるものもありません。一同は、たき火を囲《かこ》んで、体を温め続《つづ》けるばかりでした。

次の日の朝。下山した人足たちが食料《しょくりょう》を運んできてくれたので、採集《さいしゅう》を続《つづ》けることができました。二日目になると、ほかの人たちはへとへとになって山を降《お》りていきます。しかし富太郎《とみたろう》はなお、採集《さいしゅう》を終えようとしません。見れば見るほどめずらしい草木がある。そんな貴重《きちょう》なものを放り出して、帰るわけにはいかなかったからです。その翌日《よくじつ》も富太郎《とみたろう》はたったひとり草木と向き合っていました。納得《なっとく》がいくまで決してやめない。そういうところが、ほかの人とはちがう富太郎《とみたろう》の性分《しょうぶん》でした。

装備《そうび》も不十分《ふじゅうぶん》な日帰り登山のはずが、三泊《ぱく》四日の採集《さいしゅう》活動となったあとで、富太郎《とみたろう》はようやく満足《まんぞく》して山を降《お》りていくのでした。

もちろんのこと、やっただけの成果《せいか》はありました。利尻山《りしりざん》固有《こゆう》のキンバイソウの仲間《なかま》を発見し、ボタンキンバイと名付《なづ》けたのです。大きな前進です。ただし、約束《やくそく》だった紀行文《きこうぶん》のほうは、いっこうに筆が進みません。約束《やくそく》よりも研究に夢中《むちゅう》でした。

そんな富太郎《とみたろう》の性格《せいかく》を、付《つ》き合いの長い松村教授《まつむらきょうじゅ》はよくわかっていたはずです。富太郎《とみたろう》がつくった『日本植物志《にほんしょくぶつし》』をほめてくれたのは松村教《まつむらきょう》授《じゅ》です。矢田部教授《やたべきょうじゅ》に大学に出入り禁止《きんし》となったときにも、「助手に採《さい》用《よう》するのでもどってこい」と手紙をくれたのも松村教授《まつむらきょうじゅ》でした。そんな教授《きょうじゅ》に対して、「あれはおかしい、これはまちがっている」と、富太郎《とみたろう》は真正面から意見を言ってくるのです。

富太郎《とみたろう》の言っていることがいくら正しいとはいえ、さすがの松村教授《まつむらきょうじゅ》も次第《しだい》に、いやな気分になるのでした。

もうひとつ、松村教授《まつむらきょうじゅ》の気に入らないことがありました。富太郎《とみたろう》の人気です。実績《じっせき》をあげて新聞などに取り上げられると、採集会《さいしゅうかい》や講習会《こうしゅうかい》をお願《ねが》いしたいといういらいが、富太郎《とみたろう》にどしどしまいこんできます。

「助手のくせになんというやつだ。」

松村教授《まつむらきょうじゅ》からうとましく思われた富太郎《とみたろう》は、さまざまないやがらせを受けることになります。

仕事がおろそかになるから雑誌《ざっし》に原稿《げんこう》を書いてはいかん、とか。

富太郎《とみたろう》の本『大日本植物志《だいにほんしょくぶつし》』は大きすぎて持ち運びしにくい、とか。

文章に締《し》まりがなくむだが多くてとても読めたもんじゃない、とか。

生活が苦しいと言っているくせに大きな家に住んでいるなんて、とか。

こうして富太郎《とみたろう》はあることないこと、うんぬんかんぬんの悪口を言いふらされるようになり、それが何年も続《つづ》きました。松村教授《まつむらきょうじゅ》はなにがなんでも富太郎《とみたろう》をやめさせようと、ずっとたくらんでいたのです。

そして、松村教授《まつむらきょうじゅ》の要望《ようぼう》はついに、大学側《がわ》に認《みと》められ、富太郎《とみたろう》は休職《きゅうしょく》となってしまいました。

一九一〇（明治《めいじ》四十三）年、富太郎《とみたろう》四十八歳《さい》のときでした。

八 植物好《ず》きを増《ふ》やしたい！

採集《さいしゅう》の会には、植物を愛《あい》する人びとが集まってきます。そして口ぐちに歌うのです。

♪根掘《ねほ》り片手《かたて》に胴乱《どうらん》下げて
今日は楽しい採集《さいしゅう》よ
採《と》った千種《ちぐさ》の優《やさ》しい花も
やがて知識《ちしき》の実を結《むす》ぶ

♪国の為《ため》なら草木も採《と》れよ

君は一本僕《ぼく》二本
つもりつもって押《お》し葉の山が
末《すえ》は御国《おくに》を輝《かがや》かす

富太郎《とみたろう》たちが作詞《さくし》・作曲した「植物採集行進曲《しょくぶつさいしゅうこうしんきょく》」です。音楽にうるさい富太郎《とみたろう》は、なんと植物採集《さいしゅう》の歌までつくってしまいました。

東京帝国大学《とうきょうていこく》（現在《げんざい》の東京《とうきょう》大学）の助手の仕事を休んだまま、富太郎《とみたろう》は「東京《とうきょう》植物同好会《どうこうかい》」をつくって、その会長となります。学者や専門家《せんもんか》ではない人たちに向けた、採集《さいしゅう》を通して植物と親しむ会です。日本初《にほんはつ》の植物同好会《どうこうかい》は、これより二年ほど前に横浜《よこはま》で発足していました。富太郎《とみたろう》はここで講師《こうし》をして、植物採集《さいしゅう》に対する一般《いっぱん》の人びとの人気をはだで感じていました。

その間、大学では、あちこちからこんな声があがっていました。

「いったいどんな理由で、牧野《まきの》さんをやめさせたのだ。」

「あの人がいないと、植物学教室は授業《じゅぎょう》ができない。とても困《こま》る。」

その声はやがて、「休職《きゅうしょく》反対運動」にまで広がっていきます。

一九一二（明治《めいじ》四十五）年、同僚《どうりょう》たちが学長に直接《ちょくせつ》かけ合った結果《けっか》、富太郎《とみたろう》は復職《ふくしょく》をはたしました。それも助手ではなく、講師《こうし》としてです。富太郎《とみたろう》、五十歳《さい》のときでした。


大学に復帰《ふっき》でき、給料《きゅうりょう》も高くなりました。しかしこのころ、富太郎《とみたろう》の胸《むね》にはべつの思いが芽生《めば》えていました。研究だけでは不足《ふそく》だ。植物に興味《きょうみ》を持つ人びとが増《ふ》えることこそ大切ではないのか、と。

同好会《どうこうかい》は横浜《よこはま》も東京《とうきょう》も、最初《さいしょ》は十人くらいでの活動でしたが、だんだんと参加《さんか》人数が増《ふ》えていきました。それは科学教育が広まって、植物に興味《きょうみ》を持つ人が増《ふ》えたから、というだけではありません。富太郎《とみたろう》が指導《しどう》する採集《さいしゅう》の会をのぞいてみれば、その理由がわかるはずです。クスクスクス。アハハハハハ。会場はいつも、笑《わら》いにつつまれていました。植物に対するぼう大な知識《ちしき》を教えてくれるだけではなく、どんな人にも心を開く富太郎《とみたろう》の明るいキャラクター。それが大人気となっていたのです。

植物採集《さいしゅう》に出かけるときの、富太郎《とみたろう》のファッションがまず個性的《こせいてき》でした。背広姿《せびろすがた》に蝶《ちょう》ネクタイ。ちょこんとぼうしをかぶっています。野山で植物採集《さいしゅう》する格好《かっこう》にはとても見えません。それというのも富太郎《とみたろう》にとって採集《さいしゅう》は、「愛《いと》しい植物たちに会いに行くためのお出かけ」でした。自《し》然《ぜん》のなかで生きていた植物を採集《さいしゅう》し、いただいて帰る。だから尊《とうと》い植物たちには、きちんと敬意《けいい》をはらわなければならない。というのが富太郎《とみたろう》の考えでした。背広《せびろ》や蝶《ちょう》ネクタイは、そのための正装《せいそう》だったのです。

富太郎《とみたろう》の頭にはいつも、若《わか》かりしころの忘《わす》れられない光景《こうけい》がありました。それは――。

化石が出土する佐川《さかわ》には、さまざまな人が調査《ちょうさ》にきていました。地《ち》質《しつ》学者の小藤文次郎博士《ことうぶんじろうはかせ》がやってきたときのことです。グレーのモーニング・コートを着てさっそうとあらわれた博士《はかせ》を見て、あまりの格好良《かっこうよ》さに富太郎《とみたろう》は大感激《だいかんげき》。そうか、学者というものは格好良《かっこうよ》くなければならないのだ、と。そこで富太郎《とみたろう》は、小藤《こと う》先生からそのコートを借《か》りて、洋服屋ですぐに同じものを仕立ててもらうほどでした。

採集《さいしゅう》の道具にも、富太郎《とみたろう》は独自《どくじ》のこだわりがありました。

まずは胴乱《どうらん》。採集《さいしゅう》した植物を入れる缶《かん》ケースです。ショルダーベルトが付《つ》いており、カバンのようにかたにかけて持ち歩くものです。海外の製品《せいひん》よりもたくさん入る大ぶりなものを、富太郎《とみたろう》は、特注《とくちゅう》して使っていました。

採集《さいしゅう》した植物は、しおれたり、花がしぼんでしまう前に、標本用《ひょうほんよう》の

▲65 歳《さい》の富太郎《とみたろう》
秋田県《あきたけん》蒸ノ湯《ふけのゆ》温泉《おんせん》にて。背広《せびろ》に蝶《ちょう》ネクタイ、ぼうしの正装姿《せいそうすがた》。（写真提供：高知県立牧野植物園）

「押《お》し葉」にしなければなりません。そのためには吸水紙《きゅうすいし》と新聞紙と、それをはさむ二枚《まい》の板にひもをつけた野冊《やさつ》という道具も必要《ひつよう》な品でした。ほかにも剪定《せんてい》バサミや、根ほりなどの道具類《どうぐるい》も、富太郎《とみたろう》はいいものばかりを集め、大切に使っていました。

やがて各地《かくち》の講習会《こうしゅうかい》や採集会《さいしゅうかい》に招《まね》かれることも多くなってきました。徳島県《とくしまけん》の学校の先生のための講習会《こうしゅうかい》で、剣山《つるぎさん》に行ったときです。富太《とみた》郎《ろう》は採集《さいしゅう》に夢中《むちゅう》になりすぎて、はぐれてしまいます。どうやら、ひとり山おくに入りこんでしまったようなのです。日が暮《く》れてももどってきません。そこで人びとは松明《たいまつ》をたき、ほら貝をふき鳴らしながらの大そうさく。おかげでなんとか無事《ぶじ》に発見され下山できたのでした。

青森県《あおもりけん》の恐山《おそれざん》にも行きました。帰り道、とつぜん雨が降《ふ》り出します。森のなかを歩いていた富太郎《とみたろう》は大きなキノコを発見。一本ずつ両手に持っては、傘《かさ》のように頭の上にかざしていましたが、だんだん調子にのってきて、こしをくねくねさせておどり出しました。まわりの人たちは大ばくしょう。採集《さいしゅう》のつかれもふき飛《と》ぶほどでした。

そしてまた、埼玉県《さいたまけん》の平林寺《へいりんじ》で採集《さいしゅう》をしていたときのこと。ふと、富《とみ》太郎《たろう》の目にとまったものがありました。

「おお、これはっ！　新種《しんしゅ》のササにちがいない！　きっとそうだ！」

大発見を確信《かくしん》した富太郎《とみたろう》は、うれしくてうれしくてなりません。そのあまり、お寺のかねをゴーンゴーンとついてしまいます。「なにごとか⁉」と、お寺にいた修行僧《しゅぎょうそう》たちが飛《と》び出してきて、大そうどうになったこともありました。

採集《さいしゅう》に夢中《むちゅう》になるあまり、そんなふうにしてめいわくをかけることもありましたが、根の明るい富太郎《とみたろう》は、みんなを笑《わら》いのうずに巻《ま》きこみます。ちょっとごきげんななめなときでも、だれかが植物を持って質問《しつもん》す

ると、ニコニコと楽しそうな顔になるのでした。

ただ、深刻《しんこく》な問題がひとつありました。普通《ふつう》なら、仕事が増《ふ》えれば金《きん》銭面《せんめん》では豊《ゆた》かになるはずなのです。

草木一本でも気になったら、富太郎《とみたろう》はもう矢も盾《たて》もたまらず、自費《じひ》でどこへでも出かけてしまいます。こり性《しょう》なので本づくりも何度も手直ししてしまい、経費《けいひ》がかかります。そればかりではなく、高価《こうか》でいいものこそむだがないと信《しん》じて買い求《もと》めます。これではお金が貯《た》まるはずはありません。坊《ぼ》っちゃん育ちで、あとさきのことも考えずに、岸屋《きしや》のお金を使ってきた富太郎《とみたろう》。性格《せいかく》は、五十歳《さい》を過《す》ぎても変《か》わりません。

こうして気がつくと、またまた借金《しゃっきん》がふくらんでいました。

家賃《やちん》がはらえず、夜にげのように何度も引っこしをします。借金返済《しゃっきんへんさい》ができず、家の品じなが差《さ》し押《お》さえになったこともあります。食べるも

青森県《あおもりけん》にてきのこおどりをする富太郎《とみたろう》（写真提供：高知県立牧野植物園）

のがなくて、小さな子どもたちは泣《な》いてばかりの毎日です。

　一九一六（大正五《たいしょう》）年、いよいよお金がなくなって、もう絶体絶《ぜったいぜつ》命《めい》という状《じょう》きょうになってしまいました。

「しかたがない。三十年間飛《と》び回ってつくった植物標本《ひょうほん》十万点を売ろう。めずらしい標本《ひょうほん》がずいぶんあるから、外国へ出しても二万円や三万円の金はできるはずだ。自分が日本で集めた標本《ひょうほん》の価値《かち》を認《みと》めて、この急場を救《すく》ってくれる富豪《ふごう》も日本にはいるだろう。できることならバラバラにならないように、なるべく一か所にまとめて保存《ほぞん》して、標本館《ひょうほんかん》でも設立《せつりつ》してほしいものだが……。」

　これを聞きつけた新聞社がすぐさま動きました。富太郎《とみたろう》のこまっている様子を記事にしたのです。

〈世界的《せかいてき》植物学者・牧野富太郎《まきのとみたろう》は月給《げっきゅう》三十五円で、生活苦にあります。そのために、収集《しゅうしゅう》した植物標本《ひょうほん》を売りに出そうとまで思いつめています。

しかし、国家的《こっかてき》文化資料《しりょう》が海外に出されるようなことがあれば一大事です。この窮地《きゅうち》を、なんとか脱《だっ》する方法《ほうほう》はないものでしょうか。〉

すると、ひとりの若者《わかもの》が新聞社に支援《しえん》の連絡《れんらく》をしてきました。神戸《こうべ》に住む池長孟《いけながはじめ》といって京都帝国《きょうとていこく》大学の二十歳《はたち》の学生で、父親が亡《な》くなったため、まだ若《わか》い孟《はじめ》が財産《ざいさん》を引きついだのです。十二月も押《お》しせまったときでした。家賃《やちん》がはらえなければ、家を追い出されかねない状《じょう》きょうにあった富太郎《とみたろう》は、そのおかげで救《すく》われたのでした。

そこでお礼を言うため、妻《つま》とふたりで神戸《こうべ》へ向かいます。夫妻《ふさい》をむかえた池長《いけなが》は、こんな提案《ていあん》をするのでした。

「牧野《まきの》さん。あなたの標本《ひょうほん》十万点を、三万円で買い取りましょう。そして、私《わたし》のものになったその標本《ひょうほん》は、すべてあなたに差《さ》し上げることにします。」

「えっ？　標本《ひょうほん》がふたたび私《わたし》のものになる、ですって？　しかしそれでは、三万円をただでいただくようなものではありませんか。」

「いえいえ、これも日本の文化的資料《ぶんかてきしりょう》のためです。あなたの手元にあるのが、いちばんいい。そうではありませんか。」

このころの三万円は、今の数千万円にも相当する金額《きんがく》です。もともと売るつもりでいたのに、お金をまるまるいただくのでは、さすがに気がひけます。富太郎《とみたろう》はこんな申し出をしました。

「あなたのお父様の建《た》てた池長《いけなが》会館に収蔵《しゅうぞう》してはいただけませんか。そうすれば私《わたし》は、整理と研究のため、定期的《ていきてき》に神戸《こうべ》に出向きますよ。」

これには池長《いけなが》も大賛成《だいさんせい》でした。

「わかりました。そういうことならいっそ、そこを植物研究所にしましょう。標本《ひょうほん》を展示《てんじ》したり、講習会《こうしゅうかい》や講演会《こうえんかい》も開いたりするのです。地元の人のためになるような場所にしたいですね。」

こうして、「池長植物研究所《いけながしょくぶつけんきゅうじょ》」の設立《せつりつ》計画が始まったのです。思いがけない話もありました。神戸《こうべ》に通う富太郎《とみたろう》に、そのぶんの礼金も出してもらえることになったのです。

富太郎《とみたろう》はさっそく、標本十万点を神戸《こうべ》に送ります。受け取った池長氏《いけながし》はびっくりぎょうてんでした。運びこまれたものは、山のような紙の束《たば》だったからです。標本《ひょうほん》は紙にはさまれた押《お》し葉、押《お》し花のままの状態《じょうたい》でした。研究所はたちまち、あの富太郎《とみたろう》の部屋のような「タヌキの巣《す》」と化してしまいました。

「なあに、大丈夫《だいじょうぶ》ですよ。私《わたし》がそちらに通って、整理して、展示《てんじ》できるようにしますから。」

最初《さいしょ》はそう言っていた富太郎《とみたろう》ですが、しかし各地《かくち》での採集《さいしゅう》や研究がいそがしくなると、なかなか神戸《こうべ》までは出向けません。行けば行ったで、地元の植物愛好家《あいこうか》たちと交流してばかりで、研究所の整理のほうはさっぱりはかどらないのです。

▲池長植物研究所《いけながしょくぶつけんきゅうじょ》に送った標本《ひょうほん》とともに　（写真提供：高知県立牧野植物園）

池長《いけなが》はこまりはてました。そしてそれが原因《げんいん》で、富太郎《とみたろう》との間にだんだん距離《きょり》を取るようになっていきます。結局《けっきょく》、標本《ひょうほん》は公開されることのないままで保管《ほかん》されることになるのでした。

そんな状《じょう》きょうにもかかわらず、富太郎《とみたろう》は一九一六（大正《たいしょう》五）年「植《しょく》物研究雑誌《ぶつけんきゅうざっし》」という雑誌《ざっし》を出版《しゅっぱん》。またしても、お金が出ていきます。こうして富太郎《とみたろう》の借金《しゃっきん》生活は、まだまだ続《つづ》くのでした。

九 妻《つま》への思いを名にこめて

富太郎《とみたろう》も富太郎《とみたろう》なりに、生活のことを考えてはいました。神戸《こうべ》の池長《いけなが》に標本《ひょうほん》を買ってもらったのはそのためです。それで苦しい生活からは、なんとかのがれられたはずでした。

ところが植物分類学《ぶんるいがく》を広く知ってもらおうと「植物研究雑誌《しょくぶつけんきゅうざっし》」を出版《しゅっぱん》したため、またまた生活苦に。

そんなとき、富太郎《とみたろう》はまたひとり、金銭的《きんせんてき》にささえてくれる人物と出会います。成蹊《せいけい》学園の創立者《そうりつしゃ》、中村春二《なかむらはるじ》です。

教育者である中村《なかむら》は、学生の採集会《さいしゅうかい》の指導《しどう》などを富太郎《とみたろう》にまかせ、経済的《けいざいてき》に支援《しえん》しました。富太郎《とみたろう》のほうも、人格者《じんかくしゃ》である中村《なかむら》を大いに尊敬《そんけい》し、したっていました。

こんなふうにして、支援者《しえんしゃ》によってそのつど、ピンチを切りぬけることはできました。とはいっても、牧野家《まきのけ》には子どもがたくさんいて、いつもお腹《なか》を空かせています。お金をかせぐ方法《ほうほう》をなんとかしないと。壽《す》衛《え》はそう考え続《つづ》けていました。

結婚前《けっこんまえ》に働《はたら》いていたような菓子屋《かしや》を出したこともありました。しかし菓《か》子《し》のわずかなもうけでは、どうにもなりません。富太郎《とみたろう》のつくる借金《しゃっきん》のほうが多すぎたからでした。そこで壽《す》衛《え》は思い切ってお金がもっともうかるあることを始めたのです。なんとそれは、「待合《まちあい》」とよばれる店でした。男たちがお酒を飲みながら、芸者《げいしゃ》さんたちと遊ぶ店です。

小さいころ踊《おど》りや三味線《しゃみせん》を習っていた壽衛《すえ》には、特別《とくべつ》なセンスがあったのでしょう。一所懸命《けんめい》に働《はたら》いた結果《けっか》、店は大繁盛《だいはんじょう》。有名店になります。

ところが――。

「あそこは、大学の関係者《かんけいしゃ》がやっているらしい……」

店が評判《ひょうばん》となるとともに、うわさが飛《と》び交《か》い始めました。

「どうやら、講師《こうし》の牧野《まきの》が関係《かんけい》しているらしいぞ。」

「なんたることだ。教育にかかわるものが、けしからん。」

バレないようにと、壽衛《すえ》は富太郎《とみたろう》と別《べつ》に暮《く》らして店をやっていました。

それなのに、どこからか話がもれてしまったようなのです。


そんなさなかのこと——。

ガガーッ。ゴゴゴッ。

とんでもないほどのゆれで、家がギシギシ音をたてます。一九二三（大正《たいしょう》十二）年九月一日、十一時五十八分、関東大震災《かんとうだいしんさい》が発生します。

ちょうど家にいた富太郎《とみたろう》は、パンツ一枚《まい》の姿《すがた》で標本《ひょうほん》整理をしていました。

ものすごいゆれだとは思ったものの、おそろしさよりも、興味《きょうみ》のほうが先にたち、座《すわ》って家のゆれる様子を観察《かんさつ》してしまう富太郎《とみたろう》でした。

となりの家は石がきがくずれるほどでしたが、こちらの家はさいわい、屋根のかわらが少し落ちただけでした。

家族は余震《よしん》がこわいと言って、庭にむしろをしいて過《す》ごします。いっぽう富太郎《とみたろう》は家のなかでひとり、ゆれる楽しさを味わっているのでした。

地震《じしん》は昼どきだったため、火災《かさい》があちこちで発生。死者は十万人以上《いじょう》にものぼりました。富太郎《とみたろう》の家は無事《ぶじ》でしたが、つくったばかりで別《べつ》の場所に納品《のうひん》してあった「植物研究雑誌《しょくぶつけんきゅうざっし》」第三巻《かん》第一号は、全部焼《や》けてなくなってしまいました。これでまたまた、お金が飛《と》んでいくことになるわけです……。

壽衛《すえ》はやむをえず、店を閉《し》めて売ることにします。こんな東京《とうきょう》の街《まち》にいては危険《きけん》だ。家賃《やちん》がはらえずに夜にげするのも、もうしたくはない。ならば、安全な場所に、安心できる一軒家《いっけんや》を買おう。それが壽衛《すえ》の出した結論《けつろん》でした。場所は大泉《おおいずみ》、現在《げんざい》の東京《とうきょう》・練馬《ねりま》の大泉学園《おおいずみがくえん》駅のそばです。

「おお、気に入ったぞ。」武蔵野《むさしの》の雑木林《ぞうきばやし》に囲《かこ》まれて、実によいところだ。

建設中《けんせつちゅう》の自宅《じたく》を見に、富太郎《とみたろう》はしばしば大泉《おおいずみ》に出向きました。そして、一九二六（大正《たいしょう》十五）年五月、ついに家が完成《かんせい》。木造二階建《もくぞうにかいだ》ての住まいに加《くわ》えて、書屋、標本館《ひょうほんかん》もあります。庭には、三百十九本の樹木《じゅもく》を植えました。

「植物園を有す。自分の植物園をつくって、観察《かんさつ》しなさい。」

とは十代のころ、若《わか》かりし富太郎《とみたろう》が記した文です。植物学をめざすにあたって、富太郎《とみたろう》には「自分の植物園を持つ」という目標《もくひょう》がありました。それがいま、ようやく実現《じつげん》したのです。それも壽衛《すえ》のおかげでした。このとき富太郎《とみたろう》は、六十四歳《さい》になっていました。

そしてよく年、六十五歳《さい》のとき。

富太郎《とみたろう》は理学博士号《りがくはかせごう》を授与《じゅよ》されます。大学に入学することなく、とうとう「牧野博士《まきのはかせ》」とよばれるようになったのです。

なのに、富太郎《とみたろう》はうかない顔です。そのとき、こんな歌を詠《よ》みました。

われを思う　友の心にむくいんと
今こそ受けし　ふみのしるしを

学問をするのに称号《しょうごう》はいらない、というのが富太郎《とみたろう》の持論《じろん》でした。「大学に論文《ろんぶん》を提出《ていしゅつ》すれば博士《はかせ》にしてやる」と言われ続《つづ》けていたのを、富太郎《とみたろう》は三十年もの間、意地をはって断《ことわ》り続《つづ》けてきたのです。

そんな富太郎《とみたろう》を、しかし、周《まわ》りの人びとが説得《せっとく》します。若《わか》い後輩《こうはい》たちが博士《はかせ》になるというのに、はるかに年上の富太郎《とみたろう》がなんの肩書《かたが》きもなしではいけないだろう、と。

富太郎《とみたろう》もその言葉を、しかたなく受け入れて、これまで「植物学雑誌《しょくぶつがくざっし》」に連載《れんさい》していた英文《えいぶん》で書かれたものと、『大日本植物志《だいにほんしょくぶつし》』その他を参考《さんこう》として提出《ていしゅつ》して、理学博士《りがくはかせ》の学位《がくい》を得《え》たのですが……。

それでも富太郎《とみたろう》は、こう書いています。

「私《わたし》は、この肩書《かたがき》で世の中に大きな顔をしようなどとは少しも考えていない。大学へ入らず、民間《みんかん》にあって大学教授《きょうじゅ》としてもはずかしくない仕事をしたかっただけだ。」

牧野博士《まきのはかせ》になろうがどうだろうがこれまでどおりで、そこらへんの大学教授《きょうじゅ》とちっとも変《か》わらない。いやかえって、平凡《へいぼん》になってしまった気がするだけだ。富太郎《とみたろう》はそうなげくのでした。

とは言っても、博士《はかせ》は博士《はかせ》。学会や研究者のつながりは深まり、仕事もやりやすくなったりするのでした。

ちょうどその年。仙台《せんだい》で教え子の岡田要之助《おかだようのすけ》博士《はかせ》たちと植物採集《さいしゅう》をしていた富太郎《とみたろう》は、そのササを目の前にして立ち止まったままでした。そして思わず声をあげます。

「おやっ、これはなんだ。みんな、そろって葉の形が変《か》わっているぞ。ひょっとして、まだ分類《ぶんるい》されていない新種《しんしゅ》じゃないのか！」

平たいはずのササの葉が、どれも、くるりと裏側《うらがわ》にカールしているのです。興奮《こうふん》した富太郎《とみたろう》は、これを採集《さいしゅう》して東京《とうきょう》に持ち帰り、研究、調査《ちょうさ》を続《つづ》けるのでした。


そんな富太郎《とみたろう》とはうらはらに、壽衛《すえ》は体調がずっとよくありませんでした。原因《げんいん》はわからず、治療《ちりょう》も進みません。大学病院で、何度か入院退《たい》院《いん》をくり返していました。

富太郎《とみたろう》が仙台《せんだい》からもどってほどなく、壽衛《すえ》はふたたび入院することになりました。付《つ》きそいで、富太郎《とみたろう》が病院にとまる日もありました。

家は建《た》てたものの、あいかわらず裕福《ゆうふく》ではありません。病院代もしくはらいがたいへんで、十分な治療《ちりょう》も受けられなかったのです。

そして二月の寒い朝、壽衛《すえ》の容態《ようだい》は急変《きゅうへん》。富太郎《とみたろう》がかけつけるなか、息をひきとります。富太郎《とみたろう》より十二歳若《さいわか》かった壽衛《すえ》は、五十四歳《さい》で永眠《えいみん》したのでした。


植物の研究だけに集中してこられたのは、壽衛《すえ》のおかげでした。出会ったころのかわいらしい娘《むすめ》は、たくましく富太郎《とみたろう》をささえてくれました。子がたくさん生まれても、愛情《あいじょう》深く育てあげました。びんぼう続《つづ》きでたいへんな苦労《くろう》をかけても、

「私《わたし》も父が亡《な》くなってから苦労《くろう》しました。これくらいのびんぼうなど、なんともありません。私《わたし》は学者にとついだのです。それをほこらしく思っています。ただの金持ちになりたかったなら、商人と結婚《けっこん》していましたよ。」

▲富太郎《とみたろう》と壽衛《すえ》　（写真提供：高知県立牧野植物園）

そんな言葉を返してくれる、とてもとても愛《いと》しい妻《つま》でした。

富太郎《とみたろう》が仙台《せんだい》から持ってきたササは、新種《しんしゅ》であることがわかりました。富太郎《とみたろう》はこのササに、和名で「スエコザサ」、学名では「ササ・スエコアナ・マキノ」と名付《なづ》け発表します。

壽衛《すえ》はこの世からいなくなってしまったけれど、名前は残《のこ》りました。富太郎《とみたろう》は家の庭にスエコザサを植えます。

〈世の中のあらん限《かぎ》りやスエコ笹《ざさ》〉

この世のあるかぎり、スエコザサという植物は、ずっとあり続《つづ》けてほしい。そんな願《ねが》いをこめて、墓《はか》にはこう刻《きざ》みました。

ササという植物は、数十年から百数十年くらいにたった一度だけ、いっせいに花を咲《さ》かせ、実をつけます。そしてそのあと、すべて枯《か》れて無《な》くなってしまうのです。

大泉《おおいずみ》に家を建《た》てた壽衛《すえ》は、花を咲《さ》かせ実を結《むす》んだササのように、自分は消え失《う》せてしまいました。壽衛《すえ》は願《ねが》っていました。将来《しょうらい》は、ここにりっぱな植物園をつくって、みんなに見てもらいたい、と。

ササは枯《か》れたのち、落とした実から、新しいササを芽《め》ぶかせます。壽《す》衛《え》は亡《な》くなりました。けれどもかの女の夢《ゆめ》は、新しい世代で芽《め》ぶき、引きつがれていくことになるのです。庭にしげるスエコザサは、サラサラと風に葉をなびかせながら、そのときを待ち続《つづ》けているのでした。

十　草木の精霊《せいれい》が舞《ま》いおりた

うとうと、うとうと。富太郎《とみたろう》は、まどろんでいます。

「あなたは日本の植物を研究するために生まれてきた人です。そして私《わたし》はあなたの使命を助けるために、神様がつかわしたものです。一生懸命《けんめい》植物を研究してください。」

夢《ゆめ》のなかに壽衛《すえ》が出てきたようで、はっと目をさまします。

壽衛《すえ》が亡《な》くなってからというもの、身のまわりのことや研究の手伝《てつだ》いは、娘の鶴代《つるよ》がやってくれるようになりました。富太郎《とみたろう》はこれまでと変《か》わらず、研究者として仕事を続《つづ》けていました。

創刊後《そうかんご》、資金《しきん》が足りなくなったり、震災《しんさい》で焼《や》けたりして苦労《くろう》した「植《しょく》物研究雑誌《ぶつけんきゅうざっし》」は、漢方薬の製造販売《せいぞうはんばい》をする津村順天堂《つむらじゅんてんどう》の津村重舎《つむらじゅうしゃ》の助けを受け、刊行《かんこう》が続《つづ》けられていました。

富太郎《とみたろう》は印刷屋泣《いんさつやな》かせで有名でした。かつて、自分で本を出そうと石版印刷《せきばんいんさつ》まで習ったのです。だから、印刷《いんさつ》の技術的《ぎじゅってき》なことはよく知っています。インクの色がどうこうとか、版《はん》がずれてるというようなことまで指摘《してき》します。それだけではなく、一文字一文字をルーペで確認《かくにん》。この活字はつぶれているとか、「、」の位置《いち》が気に入らないとか、細かいことまで言い出します。完《かん》ぺきなものを目指していたからこそなのですが、出版社《しゅっぱんしゃ》や印刷屋《いんさつや》はその対応《たいおう》に、ずいぶんとたいへんな思いをしたのでした。

富太郎《とみたろう》が力を入れていたもうひとつの活動——植物同好会《どうこうかい》の人気は、高まっていくばかりでした。毎回毎回、富太郎《とみたろう》のように胴乱《どうらん》を下げた大勢《おおぜい》の愛好家《あいこうか》たちで会場はぎっしりです。

富太郎《とみたろう》は参加者《さんかしゃ》たちから、採集《さいしゅう》した植物についてあれこれ質問《しつもん》をうけては、いやな顔ひとつせず答えていました。説明《せつめい》もユーモアたっぷりで、次から次へと話がはずみます。

歳《とし》はとっても、体はすこぶる元気な富太郎《とみたろう》でしたが、一九三一（昭和《しょうわ》六）年七十歳《さい》のとき、小石川《こいしかわ》植物園からの帰り道でのことです。富太郎《とみたろう》が乗ったタクシーが前方の車としょうとつ。窓《まど》ガラスの破片《はへん》で顔を切り、東大病院に運ばれます。七、八針《はり》ぬって、三週間入院するほどの大けがでした。

「いやあ、もう、眼《め》や動脈《どうみゃく》をやられなくてよかった。私《わたし》が酒を飲まないから、治《なお》りが早いと医者に言われたよ。」

と、なにごとにも前向きな富太郎《とみたろう》でした。

富太郎《とみたろう》のそんな元気の秘密《ひみつ》は、食生活にもありました。牛肉が大好《だいす》きで、野菜《やさい》はトマトが大好物《だいこうぶつ》。当時としてはめずらしいトマトを手に入れては、「うまいうまい」と食べていました。コーヒー好《ず》きでもありました。豆を買ってきて、自分でいって、ひいて入れるのです。

小さいころに体の弱かった富太郎《とみたろう》は、自然《しぜん》と、自分の体にいいものを選《えら》んで食べていたのかもしれません。

一九三四（昭和《しょうわ》九）年、七十二歳《さい》のときに、富太郎《とみたろう》は『牧野植物学全集《まきのしょくぶつがくぜんしゅう》』を刊行《かんこう》します。精密《せいみつ》な絵と文章で植物を説明《せつめい》した書物で、いわば、図鑑《ずかん》の先がけのようなものでした。これがたいへんな人気で、全国で飛《と》ぶように売れます。

歳《とし》はとっても、植物学者ではいちばんの人気者で、まだまだ研究を続《つづ》けているときでした。

「なにを言う。けしからん！」

富太郎《とみたろう》が声を荒《あら》らげました。

となりの部屋にいた娘《むすめ》の鶴代《つるよ》も、泣《な》きながら飛《と》び出してきました。

その日とつぜん、大学から使いの者がやってきたのです。かれらが口にした言葉に、富太郎《とみたろう》はカンカンにおこってしまいました。

「先生もお歳《とし》ですから、やめるのならできるだけ早く辞表《じひょう》を出してほしい。」

そんなことを、面と向かって富太郎《とみたろう》に言ったのです。

講師《こうし》には定年がありません。そのため、高齢《こうれい》でも仕事を続《つづ》ける富太郎《とみたろう》に対して、辞職《じしょく》をせまったのです。激怒《げきど》した富太郎《とみたろう》は、直ちに辞表《じひょう》を大学側《がわ》にたたきつけます。

この出来事は、世間でも大きな注目を集めました。

「四十七年勤《つと》めて、月給《げっきゅう》七十五円。東大《とうだい》を追われた牧野博士《まきのはかせ》……。」

という具合に、新聞のトップニュースにもなったほどです。

大学なんかやめて、民間《みんかん》で研究を続《つづ》けてほしい。多くの人がそう言って、富太郎《とみたろう》をはげましてくれます。富太郎《とみたろう》はこんな歌を詠《よ》みました。

長く住みて黴《かび》の古屋を後に見て
気の清《す》む野辺《のべ》に香《かお》れば息せん

大学のかびくさいつくえにはもう、もどろうとは思わない。さわやかな野山で、植物たちが富太郎《とみたろう》を待っている。そんな意味でした。

ひとりの学者に、多くの人が力を貸《か》してくれることになります。一九四〇（昭和《しょうわ》十五）年に発売された『牧野日本植物図鑑《まきのにほんしょくぶつずかん》』はたいへんな人気をよび、広く人びとに愛読《あいどく》されていきました。

華道家《かどうか》の安達潮花《あだちちょうか》は「花を生けるのには花を知らなくてはならない」と、富太郎《とみたろう》を教室によんで講習会《こうしゅうかい》を開いたりしてくれました。

さらに安達《あだち》は、大泉《おおいずみ》の敷地《しきち》に標本《ひょうほん》が展示《てんじ》できる「標品館《ひょうひんかん》」の建設資金《けんせつしきん》も寄付《きふ》してくれました。この館ができるということで、神戸《こうべ》にあった標《ひょう》本《ほん》が池長《いけなが》のもとから返却《へんきゃく》されることにもなったのでした。

そんななか、次第《しだい》に戦争《せんそう》が激化《げきか》していきます。大泉《おおいずみ》の標品館《ひょうひんかん》の一部も、爆弾《ばくだん》をあびてしまいました。これでは危険《きけん》だと、一家は標本《ひょうほん》や書籍《しょせき》をかかえて、山梨県《やまなしけん》の穂坂村《ほさかむら》に疎開《そかい》しましたが、すぐに終戦《しゅうせん》をむかえることになります。

幸い大泉《おおいずみ》の自宅《じたく》は被害《ひがい》もなく、富太郎《とみたろう》は執筆《しっぴつ》活動などを再開《さいかい》できました。けれど、戦後《せんご》はだれもが、苦しい生活を強いられました。

だからこそ植物に目を向けて、植物を生かしてほしい。富太郎《とみたろう》は強く望《のぞ》んでいました。植物は人がいなくてもかまわない。しかし人間は、植物がないと生きていけないのです。食べ物としてはもちろん、服や紙、油や薬の原料《げんりょう》となる植物に感謝《かんしゃ》し、それを利用《りよう》していくべきだと、富太《とみた》郎《ろう》は感じていたのでした。

戦後《せんご》、ニューヨーク植物園園長をはじめ、アメリカの植物学者たちが、高齢《こうれい》の富太郎《とみたろう》に会いにやってきました。

そして、一九四八（昭和二十三《しょうわ》）年のこと。宮内庁《くないちょう》から連絡《れんらく》が入ります。富太郎《とみたろう》は皇居《こうきょ》に出向き、昭和天皇《しょうわてんのう》に植物学の講義《こうぎ》をすることになったのです。生物学者として魚類《ぎょるい》研究をしていた天皇陛下《てんのうへいか》は、植物学者である富太郎《とみたろう》の話に興味《きょうみ》深く耳をかたむけ、また高齢《こうれい》の体を気づかって、お言葉をかけられたのでした。

こうして牧野富太郎《まきのとみたろう》は日本の、いや、世界の植物学会でもトップクラスの研究者になります。そして学者ではない一般《いっぱん》の人びとにも、よく名を知られる博士《はかせ》となったのでした。

時代が大きく変化《へんか》するなかで、植物たちのおかれる環境《かんきょう》も変《か》わっていきます。

たとえば、富太郎《とみたろう》が大発見をしたムジナモは、発見地の小岩《こいわ》ではもう見られなくなっていました。

松村任三教授《まつむらじんぞうきょうじゅ》が助教授《じょきょうじゅ》時代に住んでいた牛込見附《うしごめみつけ》。そこの橋の下にあったドクゼリも、もはやありません。

いつも通った上野《うえの》の博物館《はくぶつかん》。その庭にたくさん野生していたヒメナズナも、いつしか消えてしまいました。

若《わか》かりしころ、富太郎《とみたろう》がよくおじゃました田中芳男《たなかよしお》先生の家は焼《や》けて、長崎《ながさき》から持ってきて植えていたみごとなビワの木も、なくなってしまいました。

「楽しく学問をやってきて、植物が大好《だいす》きで夢中《むちゅう》になって。私《わたし》はもう、自分が草木の精《せい》じゃないかと思ってるんですわ。」

富太郎《とみたろう》はよく、そんなことを口にするようになりました。といって、精霊《せいれい》なので歳《とし》もとらない、というわけにはいきませんでした。

九十歳《さい》もすぎると、出歩くことも少なくなります。富太郎《とみたろう》は家にこもって、標本《ひょうほん》整理や執筆《しっぴつ》を続《つづ》けていました。

▲大泉《おおいずみ》の自宅《じたく》で研究をする晩年《ばんねん》の富太郎《とみたろう》　（高知県立牧野植物園）

病気をしても、富太郎《とみたろう》はかたときも研究心を失《うしな》いません。だれかがお見まいに、花を持ってきます。ところがその人が帰ってしまうと、さっそく花を分解《ぶんかい》、解剖《かいぼう》し、すみずみまでながめるのでした。

九十三歳《さい》になると、かぜをこじらせたのが長引いて、床《とこ》に着く日も多くなりました。

「今年は枝桜《えだざくら》の花見だな。」

娘《むすめ》の鶴代《つるよ》が、部屋に庭のサクラをかざるのを見て、笑《わら》いました。

そう、富太郎《とみたろう》はサクラが大好《だいす》きでした。

短い日数で満開《まんかい》となったかと思えば、あっという間に散《ち》ってしまうソメイヨシノ。

そのはなやかさに心うばわれた富太郎《とみたろう》は、故郷《こきょう》の佐川《さかわ》にも咲《さ》かせたいと、一九〇二（明治《めいじ》三十五）年には苗木《なえぎ》を送ったほどでした。しばらくして一度、佐川《さかわ》にかえったとき。その木が成長《せいちょう》し、見事な花を咲《さ》かせるのを見た富太郎《とみたろう》はたいへん感激《かんげき》しました。

東京《とうきょう》で苗木《なえぎ》のように心もとなかった自分。そんな自分も、今では植物学者として名をなすことができた。そんな思いと、どこか重なりあう部分があったのでしょう。

もう一か所、富太郎《とみたろう》がソメイヨシノを送ったのは、高知《こうち》の五台山《ごだいさん》でした。その後、ここに、牧野植物園《まきのしょくぶつえん》が建設《けんせつ》されることが決定します。病床《びょうしょう》の富太郎《とみたろう》はとてもよろこびました。

病状《びょうじょう》が悪化したり、かと思えばまたよくなったり。

そんな日々《ひび》を過《す》ごす富太郎《とみたろう》でしたが、ついに家族に見守られて、九十四歳《さい》の生涯《しょうがい》を終えます。一九五七(昭和《しょうわ》三十二)年一月十八日でした。

よく年、高知《こうち》の五台山《ごだいさん》にいよいよ、富太郎《とみたろう》が計画をしていた高知《こうち》県立《けんりつ》牧野植物園《まきのしょくぶつえん》が開園します。

また東京都立大学《とうきょうとりつだいがく》には、牧野標本館《まきのひょうほんかん》がオープン。富太郎《とみたろう》が亡《な》くなったあと、東京都《とうきょうと》に寄贈《きぞう》した植物標本《ひょうほん》を保存《ほぞん》しています。今では野外で自然《しぜん》には生えていない植物など、貴重《きちょう》な資料《しりょう》が残《のこ》されています。

さらに、富太郎《とみたろう》が三十年暮《く》らした大泉《おおいずみ》の自宅《じたく》は、練馬区牧野記念庭園《ねりまくまきのきねん》となりました。スエコザサをはじめ、富太郎《とみたろう》が集めた草木も植えられています。

いつまでも生きて仕事にいそしまん
また生まれ来ぬこの世なりせば

牧野富太郎《まきのとみたろう》の人生は、九十四歳《さい》で幕《まく》を閉《と》じました。

けれどその仕事は、植物の実から次つぎと新しい芽《め》が生まれ出るように、新しい時代へと引きつがれ、さらなる未来《みらい》へと続《つづ》いていくのです。

おわりに

「さあ、みんな、集合の時間ですよ！」

「先生、牧野《まきの》くんがいませーん。」

「えっ、どこに行ったんだろう？」

牧野富太郎《まきのとみたろう》は、おそらくそんな男の子です。夢中《むちゅう》になると、人のことなどおかまいなしのマイペースくん。

さあ、こんな人に出会ったら、あなたはどうしますか。

「みんなにめいわくかけて、なんていうやつだ」と怒《おこ》りますか。それとも、「牧野《まきの》くんじゃ、しょうがないなぁ」と思いますか。

怒《おこ》りたくなったのが東大の松村教授《まつむらきょうじゅ》などといった人たちです。ほかの多くの人は「牧野《まきの》くんらしいね。おもしろいね」と思ったのでした。

わが道を行く富太郎《とみたろう》ですが、どこかにくめないキャラクターです。明るく、ユーモアがあって、前向きな性格《せいかく》。植物のことならだれにも負けないくらい一生懸命《いっしょうけんめい》。だから、まわりの人たちは富太郎《とみたろう》と友だちになりたい、手を貸《か》してあげたい、そんな気持ちになったのでしょう。

矢田部教授《やたべきょうじゅ》や松村教授《まつむらきょうじゅ》は、けして意地悪《いじわる》でイヤな人だったのではありません。彼《かれ》らは国の方針《ほうしん》にそって研究と教育を進める責任《せきにん》があったのです。

そこへ型《かた》にはまらない自由な富太郎《とみたろう》がやってきます。すばらしい才能《さいのう》はだれもが認《みと》めるものでした。でも、うまくあつかうことができなかったのでしょう。植物研究への熱意《ねつい》は同じでも、考え方が根本からちがっていたのです。

富太郎《とみたろう》はどんなに苦しい状況《じょうきょう》でも、大好《だいす》きな植物研究をあきらめませんでした。彼《かれ》のすごさは苦しくても努力《どりょく》し続《つづ》けたことではなく、結果《けっか》を出し続《つづ》けたことです。新種《しんしゅ》の発見、分類《ぶんるい》、雑誌《ざっし》の創刊《そうかん》……。植物のファンを増《ふ》やし、日本の植物のすばらしさを海外にも発信《はっしん》したのです。

さて、現代《げんだい》において植物の研究はどうなっているのでしょう。科学の進歩によって、植物にもDNA分析《ぶんせき》が行われる時代となりました。さらに最新《さいしん》では、植物は何らかの物質《ぶっしつ》を出して、まわりの植物や虫と交信《こうしん》しているらしいこともわかってきました。こうした科学の進歩は、古い富太郎《とみたろう》の研究や学説《がくせつ》をくつがえすこともあるでしょう。

今、富太郎《とみたろう》がいたら、せっかく発見したのにと、がっかりするでしょうか。自分の分類《ぶんるい》がまちがいだとわかって、くやしいと思うでしょうか。

富太郎《とみたろう》のことです。

「なるほど、そうだったのか。なんだか、おもしろいじゃないか。もっと調べてみよう。」

きっとそう思い、新しい研究に取り組んでいるような気がします。

自然《しぜん》という大きな世界では、植物も人間もほんのわずかな存在《そんざい》にすぎません。そして、まだまだわからないことは、山ほどあるのです。

だからこそ、ひとつでも新しいことがわかるために挑戦《ちょうせん》し続《つづ》ける。科学者《かがくしゃ》とは未知への世界の冒険者《ぼうけんしゃ》です。牧野富太郎《まきのとみたろう》の伝記《でんき》を読んで、科学《かがく》や植物に興味《きょうみ》をもち、チャレンジしてくれる人が出てくるのを楽しみにしています。富太郎《とみたろう》の時代よりも、もっともっと、新しく広い世界が待っているのですから。

資《し》料《りょう》

牧《まき》野《の》富《とみ》太《た》郎《ろう》

富太郎《とみたろう》をとりまく人びと

富太郎《とみたろう》が植物研究をはじめた時代は、日本の植物学は海外に遅《おく》れをとっていました。たくさんの研究者の努力《どりょく》で、日本から新種《しんしゅ》や学名を発表するようになったのです。

海外の研究者

シーボルト　一七九六年〜一八六六年

ドイツ出身の医学者・博物学者《はくぶつがくしゃ》。日本の植物を初《はじ》めてヨーロッパにしょうかいした『日本植物誌《にほんしょくぶつし》』は、今も高く評価《ひょうか》されている。娘《むすめ》の楠本《くすもと》イネは日本初《にほんはつ》の女性《じょせい》の産科医《さんかい》。富太郎《とみたろう》は、アジサイの学名についてシーボルトの命名を非難《ひなん》している。一方、シーボルトの庭にあった木にシーボルトの名を付《つ》けて和名を発表している。

マキシモヴィッチ　一八二七年〜一八九一年

ロシアの植物学者。アジア地域《ちいき》を現地調査《げんちちょうさ》し、日本でも一八六一年から函館《はこだて》、横浜《よこはま》、長崎《ながさき》に約《やく》三年間滞在《たいざい》した。日本の植物もふくめて数多くの新種《しんしゅ》について学名を命名している。富太郎《とみたろう》もマキシモヴィッチを尊敬《そんけい》し、二十八歳《さい》のときには日本を出てロシアのマキシモヴィッチのもとに行く決意をし、手紙を書いた。

小野蘭山《おのらんざん》

一七二九年～一八一〇年

東洋のリンネとよばれた江戸《えど》時代の学者。京都《きょうと》に私塾《しじゅく》をひらいたのち、幕府《ばくふ》の医官《いかん》となり江戸《えど》の医学館で教える。広く植物採集《さいしゅう》をおこなった。

蘭山《らんざん》の言葉を孫《まご》と弟子《でし》ががまとめてつくった『本草綱目啓蒙《ほんぞうこうもくけいもう》』四十八巻は、江戸《えど》時代のもっとも内容《ないよう》の充実《じゅうじつ》した薬物研究書で、当時の医学者はかならず読むべき本となった。富太郎《とみたろう》も、それを佐川《さかわ》に取りよせて読んで学んだ。

富太郎《とみたろう》が上京したときに、文部省《もんぶしょう》職員《しょくいん》の蘭山《らんざん》のひ孫《まご》に植物園などを案内《あんない》されている。

矢田部良吉《やたべりょうきち》

一八五一年～一八九九年

明治《めいじ》時代に活やくした植物学者。一八七七年に現在《げんざい》の東京《とうきょう》大学が創《そう》立《りつ》され、初代《しょだい》の植物学教授《きょうじゅ》となる。一八八〇年にアメリカへ留学《りゅうがく》しコーネル大学を卒業《そつぎょう》。植物学雑《ざっ》誌《し》で、欧米《おうべい》の研究者にたよらず日本の植物を発表することを宣言《せんげん》した。東京《とうきょう》植物学会を設立《せつりつ》。

富太郎《とみたろう》は二度目の上京以来《いらい》、研究室の出入りをゆるされ、ムジナモ発見時には世話になった。ヤマトグサを発表した「植物学雑誌《しょくぶつがくざっし》」の創刊《そうかん》にも矢田部《やたべ》が力を貸《か》しているが、その後、富太郎《とみたろう》の大学への出入りを禁止《きんし》してしまう。

松村任三《まつむらじんぞう》

一八五六年～一九二八年

明治《めいじ》から大正《たいしょう》時代に活やくした植物学者。大学では法律《ほうりつ》を学んだが、のち植物学に転じ、小石川《こいしかわ》植物園に勤務《きんむ》。ドイツに留学《りゅうがく》、帰国後東大教授《とうだいきょうじゅ》となり植物分類学《ぶんるいがく》を担《たん》当《とう》。小石川《こいしかわ》植物園初代《しょだい》園長などをつとめ、現在《げんざい》の東京《とうきょう》大学理学部植物学教室の基礎《きそ》をきずいた。

一五十種《しゅ》以上《いじょう》の新種《しんしゅ》を発見し、学名をあたえている。『帝国植物名《ていこくしょくぶつめい》鑑《かん》』を出版《しゅっぱん》した。

富太郎《とみたろう》を評価《ひょうか》して、矢田部《やたべ》に大学の出入り禁止《きんし》とされたのちも助手として大学に呼《よ》びもどした。しかし、結局《けっきょく》ぶつかってしまう。

地図

富太郎《とみたろう》とゆかりのある場所

富太郎《とみたろう》は、植物採集《さいしゅう》のために日本中を旅しました。そして、旅先からたくさんの植物を送り、研究室や自宅《じたく》の書斎《しょさい》でそれを調べて標本《ひょうほん》をつくったり、記録《きろく》を残《のこ》したりしました。

ここでしょうかいするのは一部で、富太郎《とみたろう》は、沖縄県《おきなわけん》をのぞくすべての都道府県《とどうふけん》を訪《おとず》れています。さらに海外では、台湾《たいわん》、満洲《まんしゅう》（現在《げんざい》の中国《ちゅうごく》東北部《とうほくぶ》）の植物を採集《さいしゅう》しています。

恐山《おそれざん》

青森営林署《あおもりえいりんしょ》の職員《しょくいん》とともに恐山《おそれざん》の植物調査《ちょうさ》を行った。富太郎《とみたろう》がキノコおどりをしたので、みんなが大笑《おおわら》い。

仙台《せんだい》

仙台市《せんだいし》で新種《しんしゅ》のササを発見。よく年に亡《な》くなった妻《つま》の名前をつけてスエコザサと命名した。

福島《ふくしま》

県の花、ネモトシャクナゲを命名した。

筑波《つくば》

茨城県《いばらきけん》の筑波山《つくばさん》でたびたび採集《さいしゅう》をしている。

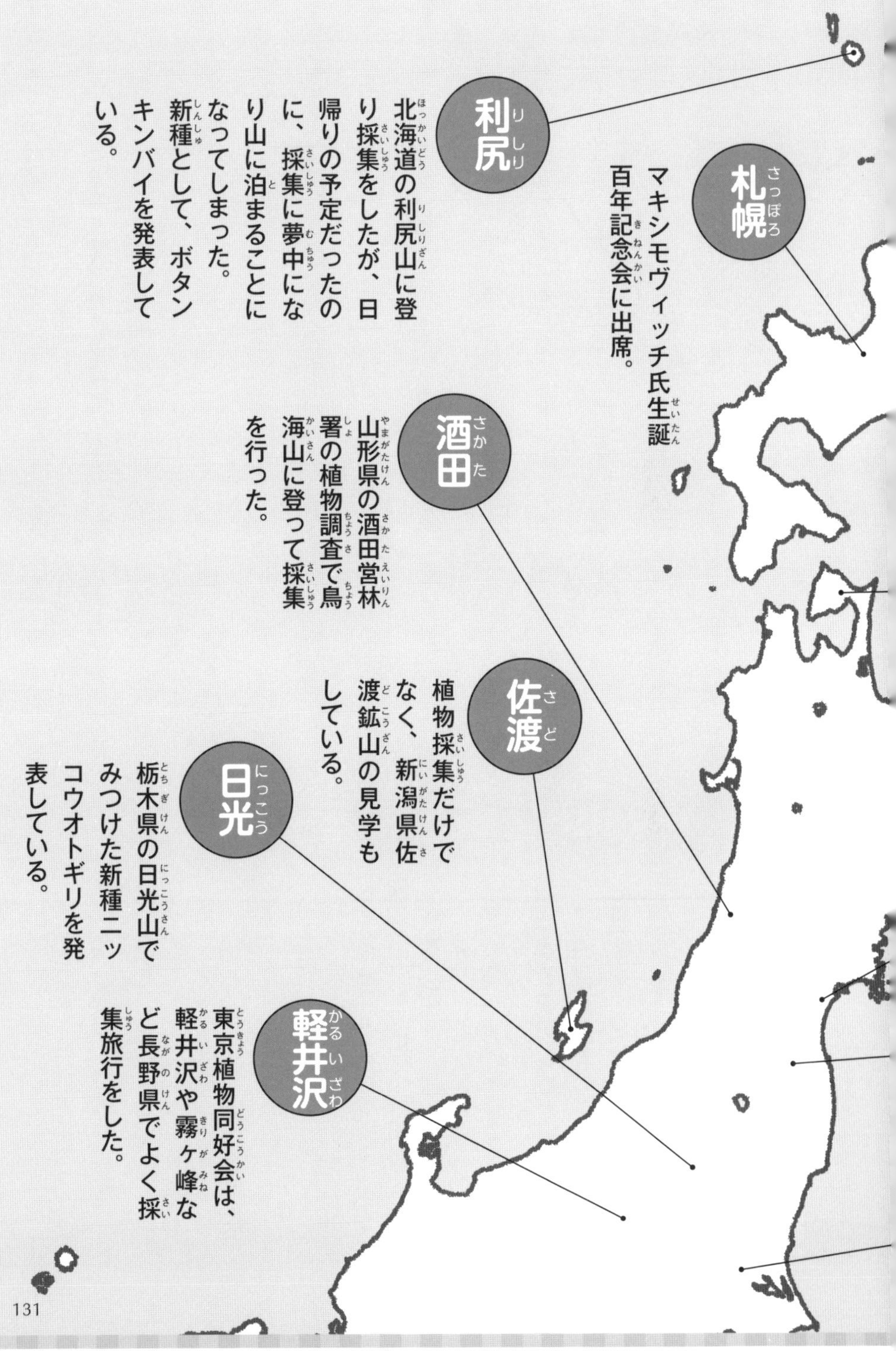

札幌《さっぽろ》
マキシモヴィッチ氏生誕《せいたん》百年記念会《きねんかい》に出席。
利尻《りしり》
北海道《ほっかいどう》の利尻山《りしりざん》に登り採集《さいしゅう》をしたが、日帰りの予定だったのに、採集《さいしゅう》に夢中《むちゅう》になり山に泊《と》まることになってしまった。新種《しんしゅ》として、ボタンキンバイを発表している。
酒田《さかた》
山形県《やまがたけん》の酒田営林《さかたえいりん》署《しょ》の植物調査《ちょうさ》で鳥《ちょう》海山《かいさん》に登って採集《さいしゅう》を行った。
佐渡《さど》
植物採集《さいしゅう》だけでなく、新潟県《にいがたけん》佐《さ》渡《ど》鉱山《こうざん》の見学もしている。
日光《にっこう》
栃木県《とちぎけん》の日光山《にっこうさん》でみつけた新種ニッコウオトギリを発表している。
軽井沢《かるいざわ》
東京《とうきょう》植物同好会《どうこうかい》は、軽井沢《かるいざわ》や霧ヶ峰《きりがみね》など長野県《ながのけん》でよく採《さい》集《しゅう》旅行をした。

新座《にいざ》

埼玉県新座市《さいたまけんにいざし》にある平林寺《へいりんじ》で、新種《しんしゅ》ヘイリンジザサを発見。喜《よろこ》びのあまり境内《けいだい》の鐘《かね》を打ち鳴らしてしまった。

立山《たてやま》

富太郎《とみたろう》が名付《なづ》けたチョウノスケソウは、富山県《とやまけん》の立山《たてやま》で採集《さいしゅう》されている。

いすみ

千葉県《ちばけん》の九十九里浜《くじゅうくりはま》にある太東海浜植物《たいとうかいひんしょくぶつ》群落《ぐんらく》は、たくさんの海浜《かいひん》植物が自生《じせい》していて、富太郎《とみたろう》も訪《おとず》れている。

清澄《きよすみ》

富太郎《とみたろう》が名前を付《つ》けたキヨスミミツバツツジは、千葉県《ちばけん》の清澄《きよすみ》山《やま》で採集《さいしゅう》している。

小岩《こいわ》

東京都江戸川《とうきょうとえどがわ》でムジナモを発見する。現在《げんざい》は小岩菖蒲園《こいわしょうぶえん》となっている。

白山《はくさん》

東京都文京区《とうきょうとぶんきょうく》に、研究《けんきゅう》を行っていた東京《とうきょう》大学付属《ふぞく》の小石川《こいしかわ》植物園がある。

大泉《おおいずみ》

自宅《じたく》のあった東京都練馬区大泉《とうきょうとねりまくおおいずみ》。庭にはさまざまな植物が植えられていた。

神戸《こうべ》
兵庫県《ひょうごけん》に池長《いけなが》植物研究所を開設《かいせつ》し、大量の植物標本《ひょうほん》を送った。
新見《にいみ》
岡山県新見市《おかやまけんにいみし》の黒《くろ》髪山《かみやま》で新種にアテツマンサクと名付《なづ》ける。
山口《やまぐち》
山口県《やまぐちけん》の虹ヶ浜《にじがはま》で見つけたキクにニジガハマギクと名付《なづ》け、新種《しんしゅ》として発表した。
別府《べっぷ》
大分県《おおいたけん》で採集中《さいしゅうちゅう》に崖《がけ》から落ちて大けがをしてしまう。一か月半ほど別府温泉《べっぷおんせん》で休み、体をなおした。
長崎《ながさき》
植物学者シーボルトが住んでいた家を訪《たず》ね、庭にあった木の和名をシーボルトノキと付《つ》けた。
佐川《さかわ》
生まれ育った場所。生家のそばにある山や神社《じんじゃ》で毎日《まいにち》植物をながめていた。
越知《おち》
高知県越知町《こうちけんおちちょう》の名《な》野川《のかわ》でヤマトグサを発見した。
屋久島《やくしま》
鹿児島県《かごしまけん》の屋久島《やくしま》で、宮之浦岳《みやのうらだけ》に登っている。

資料

富太郎《とみたろう》をもっと知ろう

標本《ひょうほん》をつくろう

富太郎《とみたろう》のように、植物採集《さいしゅう》をして標本《ひょうほん》をつくってみませんか。植物がくさらないようにしっかり乾燥《かんそう》させれば、長期間保存《ほぞん》することができます。

1・採集《さいしゅう》する

植物をとります。むだにとりすぎないよう、台紙の大きさに合わせて必要《ひつよう》な分だけ持ち帰りましょう。花や実がついていると、特徴《とくちょう》がわかりやすい標本《ひょうほん》がつくれます。

2・乾燥《かんそう》させる

採集《さいしゅう》した植物がしおれないうちに乾燥《かんそう》させます。新聞紙を二つ折《お》りにして植物をはさみ、その上に別の新聞紙を吸《きゅう》水紙《すいし》として置き水分をすわせます。はさみ紙、吸水紙《きゅうすいし》、はさみ紙とこうごに重ねて、一番上におもしを置きます。吸《きゅう》水紙《すいし》は毎日《まいにち》とりかえましょう。十日間ぐらいで乾《かわ》きます。

3・ラベルをつくる

情報《じょうほう》を書いたラベルをつくります。ラベルには、採集地《さいしゅうち》（都道府県《とどうふけん》からくわしく）、採集日《さいしゅうび》（年月日を西暦《せいれき》で入れる）、採集者《さいしゅうしゃ》の名前、植物の名前（カタカナで）などのデータを記入します。標本《ひょうほん》にすると色が変《か》わりやすい花の色や、いっしょに生えていた植物などの情報《じょうほう》も書いておくとよいでしょう。

植物の名前がわからないときは図鑑《ずかん》で調べましょう。

4・台紙に貼《は》る

厚《あつ》めのしっかりとした紙を台紙にします。ラベルは、台紙の右下に貼《は》ります。

乾燥《かんそう》させた植物は、葉の形や茎《くき》のつきかたがわかりやすいように形を整えます。植物を中央に置き、動かないようにところどころテープでとめます。

標本《ひょうほん》の完成《かんせい》です。

▲フジツツジの標本《ひょうほん》

富太郎《とみたろう》が高知県《こうちけん》須崎市《すさきし》桑田山《そうだやま》で採集《さいしゅう》したフジツツジの標本《ひょうほん》。

ラベルには、学名、和名、採集《さいしゅう》した場所、採集《さいしゅう》した日のほか、牧野富太郎《まきのとみたろう》という記名があります。標本《ひょうほん》をもとに新種《しんしゅ》として発表し、学名にMakinoと名前が入りました。

（写真提供：東京都立大学　牧野標本館）

富太郎《とみたろう》の人生と、生きた時代

富太郎《とみたろう》の人生におきた出来事や活動をしょうかいします。
そのとき世界では何がおこっていたのかも見ていきましょう。

時代	西暦	年齢	富太郎《とみたろう》の出来事	世の中の出来事
江戸	一八六二	○歳	四月二十四日　土佐国《とさのくに》高岡郡《たかおかぐん》佐川村《さかわむら》（現在《げんざい》の高知県《こうちけん》高岡郡《たかおかぐん》佐川町《さかわ》）に生まれる。幼名は成太郎《せいたろう》	坂下門外《さかしたもんがい》の変《へん》がおこる 生麦事件《なまむぎじけん》がおこる
	一八六五	三歳	父の佐平《さへい》が亡《な》くなる	
	一八六七	五歳	母の久寿《くす》が亡《な》くなる	大政奉還《たいせいほうかん》・王政復古《おうせいふっこ》
	一八六八	六歳	祖父《そふ》の小左衛門《こざえもん》が亡《な》くなり、祖母《そぼ》の浪子《なみこ》に育てられるようになる。富太郎《とみたろう》と改名《かいめい》する	十月二十三日（慶応《けいおう》四年九月八日）明治《めいじ》に改元《かいげん》
明治	一八七四	十二歳	佐川《さかわ》小学校に入学（二年で退学《たいがく》する）	
	一八七七	十五歳	佐川《さかわ》小学校の臨時《りんじ》教員となる	東京大学設立《とうきょうだいがくせつりつ》
	一八八一	十九歳	東京《とうきょう》へ行き、文部省《もんぶしょう》を訪《たず》ねる	

明治

一八八四	二十二歳	二度目の上京をする 東京大学《とうきょうだいがく》理学部植物学教室への出入りがゆるされる	日本初《はつ》の天気予報《よほう》が出される
一八八七	二十五歳	市川延次郎《いちかわえんじろう》、染谷徳五郎《そめやとくごろう》と「植物学雑誌《しょくぶつがくざっし》」を創刊《そうかん》する 祖母《そぼ》の浪子《なみこ》が亡《な》くなる	郵便《ゆうびん》マーク（〒）が決まる
一八八八	二十六歳	壽衛《すえ》と結婚《けっこん》して東京根岸《とうきょうねぎし》に住みはじめる 『日本植物志図篇《にほんしょくぶつしずへん》』の刊行《かんこう》を始める	
一八八九	二十七歳	「植物学雑誌《しょくぶつがくざっし》」第三巻第二十三号に、日本人として初《はじ》めて新種ヤマトグサに学名を付《つ》ける（大久保三郎《おおくぼさぶろう》と共著《きょうちょ》）	大日本帝国憲法発布《だいにほんていこくけんぽうはっぷ》
一八九〇	二十八歳	東京《とうきょう》でムジナモを発見する 植物学教室への出入りを禁止《きんし》される	第一回帝国議会《ていこくぎかい》開会
一八九一	二十九歳	ロシアへ行くこと（亡命《ぼうめい》）を決意するが、マキシモヴィッチが亡《な》くなり、計画を断念《だんねん》する 実家を整理する	ニコライ堂開堂式《どうかいどうしき》が行われる
一八九三	三十一歳	帝国《ていこく》大学理科大学、臨時雇用《りんじこよう》を経《へ》て助手となる	
一九〇〇	三十八歳	『大日本植物志《だいにほんしょくぶつし》』刊行《かんこう》を始める	パリ万国博覧会《ばんこくはくらんかい》が開かれる
一九〇九	四十七歳	横浜《よこはま》植物会を創立《そうりつ》 新種ヤッコソウを発表	伊藤博文《いとうひろぶみ》が暗殺《あんさつ》される
一九一〇	四十八歳	東京帝国《とうきょうていこく》大学理科《りか》大学助手の休職《きゅうしょく》を命じられる	

時代	西暦	年齢	富太郎の出来事	世の中の出来事
明治	一九一一	四十九歳	東京《とうきょう》植物同好会《どうこうかい》を創立《そうりつ》	
明治	一九一二	五十歳	東京帝国《とうきょうていこく》大学理科《りか》大学講師《こうし》となる	
大正	一九一六	五十四歳	池長孟《いけながはじめ》から援助《えんじょ》の申し出がある 「植物研究雑誌《しょくぶつけんきゅうざっし》」を創刊《そうかん》	
大正	一九二二	六十歳	中村春二《なかむらはるじ》より支援《しえん》を受ける	
大正	一九二六	六十四歳	東京府北豊島郡大泉村《とうきょうふきたとしまぐんおおいずみむら》（現在《げんざい》の東京都練馬区東大泉《とうきょうとねりまくひがしおおいずみ》）に移《うつ》り住む	十二月二十五日、大正天皇《たいしょうてんのう》が亡《な》くなり、昭和《しょうわ》に改元《かいげん》される
昭和	一九二七	六十五歳	理学博士《りがくはかせ》の学位を受ける 仙台《せんだい》で新種のササを発見する	日本初《はつ》の地下鉄が運営《うんえい》開始
昭和	一九二八	六十六歳	妻《つま》の壽衛《すえ》が亡《な》くなる 新種のササに「スエコザサ」と命名する	ラジオ体操《たいそう》が始まる
昭和	一九三四	七十二歳	『牧野植物学全集《まきのしょくぶつがくぜんしゅう》』刊行《かんこう》を始める	
昭和	一九三七	七十五歳	『牧野植物学全集《まきのしょくぶつがくぜんしゅう》』により朝日文化賞《あさひぶんかしょう》を受賞《じゅしょう》	日中戦争《せんそう》が始まる
昭和	一九三九	七十七歳	東京帝国《とうきょうていこく》大学へ辞表《じひょう》を出し、講師《こうし》をやめる	第二次世界大戦《たいせん》が始まる

昭和

年	年齢	できごと	社会のできごと
一九四〇	七十八歳	『牧野日本植物図鑑《まきのにほんしょくぶつずかん》』を刊行《かんこう》する	日独伊《にちどくい》三国同盟《どうめい》
一九四三	八十一歳	『植物記《しょくぶつき》』を刊行《かんこう》し、翌年《よくねん》に『続植物記《ぞくしょくぶつき》』を刊行《かんこう》する	学徒出陣《がくとしゅつじん》がおこなわれる
一九四八	八十六歳	皇居《こうきょ》で昭和天皇《しょうわてんのう》に植物学をご進講《しんこう》する	文化の日が制定《せいてい》される
一九五一	八十九歳	文部省《もんぶしょう》に牧野博士《まきのはかせ》標本保存《ひょうほんほぞん》委員会が設置《せっち》される 第一回文化功労者《こうろうしゃ》となる	サンフランシスコ講和会議《こうわかいぎ》・平和条約《じょうやく》に調印
一九五五	九十三歳	東京《とうきょう》植物同好会《どうこうかい》が牧野《まきの》植物同好会《どうこうかい》として再開する	
一九五七	九十四歳	一月十八日亡《な》くなる 亡《な》くなったあとに、文化勲章《ぶんかくんしょう》を授与《じゅよ》される	日本の観測隊《かんそくたい》が南極大陸《なんきょくたいりく》に初上陸《はつじょうりく》する
一九五八		高知県立牧野《こうちけんりつまきの》植物園が開園 東京都立《とうきょうとりつ》大学理学部牧野標本館《りがくぶまきのひょうほんかん》が開館 練馬区立牧野記念《ねりまくりつまきのきねん》庭園が開園	東京《とうきょう》タワーが完成《かんせい》する

植物園へ行こう

富太郎《とみたろう》の希望によって、亡《な》くなった翌年《よくとし》につくられた植物園です。富太郎《とみたろう》の資料《しりょう》があり、植物の栽培《さいばい》、調査《ちょうさ》、収集、保全が続《つづ》けられています。

高知県立牧野植物園《こうちけんりつまきのしょくぶつえん》

野生植物など三千種類《しゅるい》以上《いじょう》が見られる庭園や、牧野富太郎記念館《まきのとみたろうきねんかん》があります。

高知県立牧野植物園提供

〒 781-8125　高知県高知市五台山《こうちけんこうちしごだいやま》 4200-6

TEL：088-882-2601

https://www.makino.or.jp

開園時間：9:00 ～ 17:00（最終《さいしゅう》入園 16:30）

休園日：年末年始（12 月 27 日～ 1 月 1 日）

メンテナンス休園日があります。

練馬区立牧野記念庭園《ねりまくりつまきのきねんていえん》

自宅《じたく》と庭の跡地《あとち》で、妻《つま》の名を付《つ》けたスエコザサ、書斎《しょさい》と書庫《しょこ》の一部を見ることができます。

練馬区立牧野記念庭園提供

〒 178-0063　東京都練馬区東大泉《とうきょうとねりまくひがしおおいずみ》 6-34-4

TEL：03-6904-6403

https://www.makinoteien.jp

開園時間：9:00 ～ 17:00

休園日：火曜日　火曜日が祝休日の場合は翌《よく》平日

年末年始（12 月 29 日～ 1 月 3 日）

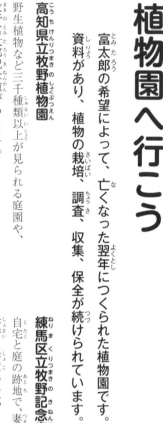

資料提供・協力

高知県立牧野植物園
練馬区立牧野記念庭園
東京都立大学牧野標本館

参考資料

『牧野富太郎自叙伝』（牧野富太郎・著　講談社）
『草木とともに 牧野富太郎自伝』（牧野富太郎・著　KADOKAWA）
『わが植物愛の記』（牧野富太郎・著　河出書房新社）
『牧野富太郎 なぜ花は匂うか』（牧野富太郎・著　平凡社）
『植物記』（牧野富太郎・著　筑摩書房）
『牧野富太郎植物記（全８巻）』（牧野富太郎、中村 浩・著　あかね書房）
『Makino　牧野富太郎誕生 150 年記念出版』（高知新聞社・編　北隆館）
『牧野富太郎の本』（高知県牧野記念財団・企画発行）
『牧野富太郎植物画集』（高知県立牧野植物園、高知県牧野記念財団・編著）
『牧野富太郎伝』（上村登・著　六月社）
『牧野富太郎　植物博士の人生図鑑』（コロナ・ブックス編集部・編　平凡社）
高知県立牧野植物園ウェブサイト
練馬区立牧野記念庭園ウェブサイト
東京都立大学牧野標本館ウェブサイト
ほか

著者紹介

作者

松原秀行（まつばら　ひでゆき）

神奈川県出身。早稲田大学文学部卒業後、フリーライターに。さまざまなジャンルで執筆する一方で、児童文学を書きつづける。1995年より講談社青い鳥文庫で「パスワード」シリーズをスタート。現在まで全37巻を数える人気シリーズとなる。

瀧口千恵（たきぐち　ちえ）

岩手県出身。大学卒業後、編集プロダクションでのライターを経て広告代理店に勤務。コピーライターとして広告関連の制作を行う。その後、フリーランスに転じ、広告のほか、PR誌、雑誌、書籍等の原稿制作にたずさわる

画家

水上みのり（みずかみ　みのり）

北海道札幌市出身。 武蔵野美術短期大学専攻科空間演出デザイン修了。 セツ・モードセミナー卒業。『黒まるパンはだれのもの？』（後藤みわこ・作　あかね書房）など、絵本、読み物、教科書の挿絵が多数ある。「伝記を読もう」では『椋鳩十』のさし絵を担当している。

企画・編集

野上　暁（のがみ　あきら）

日本ペンクラブ常務理事、JBBY副会長、東京純心大学こども文化学科客員教授。

装丁　白水あかね
編集協力　樋口華子

伝記を読もう　29

牧野富太郎
植物研究ひとすじに

2023年3月　初　版
2023年8月　第２刷

作　者　松原秀行
画　家　水上みのり
発行者　岡本光晴
発行所　株式会社 あかね書房
〒101-0065　東京都千代田区西神田 3-2-1
電話　03-3263-0641（営業）　03-3263-0644（編集）
https://www.akaneshobo.co.jp
印刷所　図書印刷 株式会社
製本所　株式会社 難波製本

NDC289　144p　22cm　ISBN 978-4-251-04630-7

伝記を読もう

人生っておもしろい！
さまざまな分野で活躍《かつやく》した人たちの、
生き方、夢《ゆめ》、努力《どりょく》…… 知ってる？

❶ **坂本龍馬《さかもとりょうま》**
世界を夢《ゆめ》見た幕末《ばくまつ》のヒーロー

❷ **豊田喜一郎《とよだきいちろう》**
自動車づくりにかけた情熱《じょうねつ》

❸ **やなせたかし**
愛《あい》と勇気《ゆうき》を子どもたちに

❹ **伊能忠敬《いのうただたか》**
歩いて作った初《はじ》めての日本地図

❺ **田中正造《たなかしょうぞう》**
日本初《はつ》の公害《こうがい》問題に立ち向かう

❻ **植村直己《うえむらなおみ》**
極限《きょくげん》に挑《いど》んだ冒険家《ぼうけんか》

❼ **荻野吟子《おぎのぎんこ》**
日本で初《はじ》めての女性医師《じょせいいし》

❽ **まど・みちお**
みんなが歌った童謡《どうよう》の作者

❾ **葛飾北斎《かつしかほくさい》**
世界を驚《おどろ》かせた浮世絵師《うきよえし》

❿ **いわさきちひろ**
子どもの幸せと平和を絵にこめて

⓫ **岡本太郎《おかもとたろう》**
芸術《げいじゅつ》という生き方

⓬ **松尾芭蕉《まつおばしょう》**
俳句《はいく》の世界をひらく

⓭ **石井桃子《いしいももこ》**
子どもたちに本を読む喜《よろこ》びを

⓮ **円谷英二《つぶらやえいじ》**
怪獣《かいじゅう》やヒーローを生んだ映画監督《えいがかんとく》

⓯ **平賀源内《ひらがげんない》**
江戸《えど》の天才アイデアマン

⓰ **椋《むく》 鳩十《はとじゅう》**
生きるすばらしさを動物物語《どうぶつものがたり》に

⓱ **ジョン万次郎《まんじろう》**
海をわたった開国の風雲児《ふううんじ》

⓲ **南方熊楠《みなかたくまぐす》**
森羅万象《しんらばんしょう》の探究者《たんきゅうしゃ》

⓳ **手塚治虫《てづかおさむ》**
まんがとアニメでガラスの地球《ちきゅう》を救《すく》え

⓴ **渋沢栄一《しぶさわえいいち》**
近代日本の経済《けいざい》を築《きず》いた情熱《じょうねつ》の人

㉑ **津田梅子《つだうめこ》**
日本の女性《じょせい》に教育で夢《ゆめ》と自信を

㉒ **北里柴三郎《きたざとしばさぶろう》**
伝染病《でんせんびょう》とたたかった不屈《ふくつ》の細菌《さいきん》学者

㉓ **前島《まえじま》 密《ひそか》**
郵便《ゆうびん》で日本の人びとをつなぐ

㉔ **かこさとし**
遊びと絵本で子どもの未来を

㉕ **阿波根昌鴻《あはごんしょうこう》**
土地と命を守り沖縄から平和を

㉖ **福沢諭吉《ふくざわゆきち》**
自由と平等を教えた思想家

㉗ **新美南吉《にいみなんきち》**
愛《あい》と悲しみをえがいた童話作家

㉘ **中村《なかむら》 哲《てつ》**
命の水で砂漠《さばく》を緑にかえた医師《いし》

㉙ **牧野富太郎《まきのとみたろう》**
植物研究ひとすじに

㉚ **丸木《まるき》 俊《とし》**
「原爆《げんばく》の図」を描《えが》き世界に戦争《せんそう》を伝《つた》える